ERA DE IDIOTAS

ERA DE IDIOTAS

DAVID PASTOR VICO

Planeta

Formación: Alejandra Ruiz Esparza
Diseño de portada: Eduardo Ramón Trejo
Fotografía del autor: © Vivi Rodríguez

Bajo el sello editorial PLANETA M.R.
Avenida Presidente Masarik núm. 111,
Piso 2, Polanco V Sección, Miguel Hidalgo
C.P. 11560, Ciudad de México
www.planetadelibros.com.mx

Primera edición en formato epub: febrero de 2024
ISBN: 978-607-39-0728-6

Primera edición impresa en México: febrero de 2024
Primera reimpresión en México: julio de 2024
ISBN: 978-607-39-0668-5

Impreso en los talleres de Litográfica Ingramex, S.A. de C.V.
Centeno núm. 162-1, colonia Granjas Esmeralda, Ciudad de México
Impreso y hecho en México – *Printed and made in Mexico*

In memoriam
Stanislav Yevgráfovich Petrov
(1939–2017)

Índice

LA ERA DE LOS IDIOTAS

«NO TENEMOS FUTURO SI NO COLONIZAMOS LAS ESTRELLAS»

DEUS EX MACHINA

Antes de empezar

Es muy posible que conozcas esta famosa y viralizada anécdota atribuida a la antropóloga estadounidense Margaret Mead. La leyenda académica cuenta que un alumno le preguntó cuál era el primer signo que evidenciara el inicio del proceso civilizatorio del animal humano. Quizá ahora estás pensando que pudo ser el hallazgo de alguna lasca de piedra burdamente tallada para desollar pieles o un buen garrote para partir cráneos que apareció en el fondo de alguna cueva o los restos inequívocos del manejo del fuego, pero la respuesta que salió de su boca fue: «El fémur que alguien se rompió y que luego apareció cicatrizado».

Solo cuando un grupo humano es capaz de dedicar la atención y el cuidado necesario a uno de sus miembros que presenta una lesión de este tipo, a todas luces incurable y a la postre mortal sin los debidos cuidados, entonces podemos afirmar que se ha dado el primer paso en ese proceso con el que se nos llena tanto la boca al hablar de nosotros como especie: la civilización humana. Para que esto se dé, piénsalo, se necesita que confluyan varias circunstancias muy particulares: que el grupo humano pueda dedicar tiempo al herido; esto es, que uno o varios integrantes dejen de realizar sus actividades cotidianas como cazar, recolectar, pescar o lo que sea, para atender debidamente al convaleciente, mientras estas labores se reparten entre el resto. Que exista un sentimiento de bondad y cariño hacia el accidentado que motive a los demás para aumentar sus esfuerzos diarios por sobrevivir en pro de la posibilidad de que el herido sane. El conocimiento previo de que si otras lesiones semejantes han llegado a curar, también puede suceder lo mismo en este caso, aunque en apariencia sea más grave. Tiene que preexistir un espíritu de resiliencia ante la adversidad, que no dé por desahuciado a nadie. E igual de importante, debe haberse consolidado en el grupo un sentido de la responsabilidad social que sostenga en el tiempo la intención de que el accidentado vuelva a integrarse a la vida normal de la tribu como uno más y en plenitud de sus facultades físicas. Sí, quizá esto nos hiciera aparecer en el tiempo como los primeros animales humanos civilizados, es muy probable.

Pero muchos días, mientras te escribía este libro acompañado por las primeras luces de la mañana, que es cuando tengo todos los sentidos agudizados y las fuerzas suficientes para pasar largas horas frente a la computadora, me he enfadado contigo y quiero que lo sepas. Me he levantado iracundo, he golpeado la mesa, he tirado el teclado con rabia y me he lamentado amargamente no solo de acertar demasiadas veces en mis ideas e intuiciones, sino porque las distintas realidades en las que vivimos siempre van, por mucho, muy por delante de mi capacidad de análisis, asimilación y predicción, aunque como tú, creyera conocer las distintas variantes mínimamente bien, y no era así. He buscado con afán esos signos tan jodidamente obvios que abrieran un resquicio de luz a la esperanza, esos fémures cicatrizados que apuntaran en la dirección necesaria, allí donde poder respirar juntos y volver a sentir un nosotros reconfortante y esperanzador.

En gran medida, de esto va este ensayo, y así entiendo qué es la filosofía y cómo se debe usar el pensamiento crítico; ver qué hemos hecho unos y otros, y qué estamos haciendo y elucubrando ahora, contextualizarlo, criticarlo e intentar proyectarnos hacia el futuro inmediato de una forma mínimamente sensata, aunque no tenga la obligatoriedad de cumplirse tal cual. Si fuéramos capaces de esto entre todos, podríamos generar ese margen de posibilidad necesario para poder cambiar lo predicho, y entonces removerlo, arreglarlo, mejorar de una vez por todas, o eso quisiera pensar.

Me he enfadado contigo porque he tenido miedo. Porque desde hace algún tiempo mi yo íntimo ya no soy solo yo y mi compañera de vida. Ahora es un nosotros pequeñito con un nuevo significado, con una nueva fuerza vital arrolladora que nos impulsa a mi esposa y a mí hacia una realidad de la que ya no seremos protagonistas, sino, y solo si nos esforzamos mucho, una presencia posibilitadora de circunstancias y aprendizajes, quizá una rémora en algunas cuestiones intergeneracionales para al final, inevitablemente, convertirnos en un recuerdo, una sombra, una imagen del pasado en la memoria de nuestras dos hijas, motivo primero y fundamental de construir esta herramienta para desasnar y respirar por la herida que tienes entre las manos.

Ser padres, cuando quieres serlo y así lo decides y luchas por ello, es una de las muy pocas experiencias realmente trascendentales que podemos afrontar en nuestra corta travesía por este mundo. Va más allá de la mera supervivencia del animal humano como especie, eso solo es biología. Debe ser la posibilidad de enmendar lo que, sin duda, hemos hecho mal, de errar también en otras cosas que desconocemos o a las que no hemos prestado suficiente atención, es cierto. Pero incluso así, en un futuro, nuestros hijos e hijas podrán darles solución a estos errores a costa de cometer los suyos propios, por supuesto, y así poder ir perfeccionando juntos poco a poco los cómos y los porqués de las cosas en pro de un mundo cada vez más justo, noble, igualitario, más civilizado. Más bueno para todos.

Pero he tenido y tengo miedo, porque igual que podemos hacer grandes cosas como alumbrar vida, incluso cuando la naturaleza ya te lo negó, o cuidar a un compañero para que cicatrice su fémur quebrado, parece que lo habitual hoy es que hagamos todo lo contrario. No sé exactamente por qué, y no quisiera pensar que es tan solo porque somos por definición estúpidos e insensibles, debe haber otras razones para ello y créeme que intento, día con día, encontrar y presentarte posibles respuestas. Quizá esta postura no sea más que una falsa percepción provocada por mi aquí y ahora, puede ser y así lo espero.

Me he enfadado contigo porque como padre sé de una manera clara y distinta que todos los padres del mundo quieren lo mejor para sus hijos e hijas. No puede ser de otro modo, a menos que simplemente nunca hayas querido y asumido este papel o seas un cretino. Todos los padres quieren y necesitan saber que sus hijos no solo tienen la posibilidad de ser felices, sino que lo son, o lo serán tan pronto como nos esforcemos más en abrirles ese camino necesario. Y esto es una epifanía universal, porque de lo contrario ser padres sería un acto despiadado y criminal y debería estar penado por la ley, ¿no te parece?

Pero creyendo tener todo esto claro de antemano, casi como un pilar inamovible sobre el que trabajar y dotar de sentido mi propia vida, me he encontrado una y otra vez contigo en mis investigaciones. Te he visto actuar o dejando que otros actúen como impedimento y barrera de esta posibilidad necesaria de que nuestros hijos, ¡mis hijas!, puedan llegar a ser felices si es que aún no lo son. Y me ha dado miedo, miedo porque cuando me enojo contigo no solo te veo a ti, también me descubro a mí haciendo lo mismo por lo que te maldigo a ti. Y asumo que somos un *nosotros* fallido, destejido, desconfiado y egoísta que va errando y lastrando esta ley natural, absoluta y trascendental, de que los niños deben ser felices hoy, mañana y siempre, y tan solo quizá así puedan ser mejores personas que nosotros.

Por eso quiero que sepas que siempre te tengo presente, desde muchísimo antes de empezar a escribir este libro, cuando buscaba vehementemente sus uniones entre sus distintas partes y planteamientos. Te he tenido presente todos y cada uno de los días que tardé en terminarlo. Y también los meses que pasaron desde que escribí la que creía que sería la última palabra hasta, muy especialmente, esos fatídicos días cuando la realidad del mundo giró de forma dramática hacia el horror y vimos con estupor cómo casi todos los países se retorcían sobre sí mismos, erraban, caían e intentaban levantarse contra un enemigo casi invisible que nos escupía a la cara, con el descaro y la insensibilidad propia de una máquina que solo quiere matarnos para recordarnos que las cosas ni estaban, ni están, ni estarán bien hasta que todos, tú, yo y ellos seamos un nosotros que tome las riendas, con mano firme, del destino real del mundo en el que pretendemos seguir viviendo, felices o no.

Por todo esto, cuando estés unas páginas más adelante, te pido un favor, aunque sepa que no debo hacerlo. ¡Sigue leyendo! Te lo pido de corazón por ese futuro que intuyes y que aún podemos reescribir. ¡Sigue leyendo! Aunque te confunda lo que leas o tengas la certeza de que en algunos párrafos toda mi rabia va dirigida a ti y te enojes conmigo; ¡sigue leyendo! Aunque haya fragmentos, frases o ideas que no entiendas; ¡sigue leyendo! Sigue leyendo, por favor, aunque nos duela. Y quizá así, entre ambos, consigamos lo que otros no han querido que logremos.

LOS NIÑOS YA NO JUEGAN

La forma de ser del alma de tres, cuatro, cinco y hasta de seis años necesita de juegos [...] Los de esa edad tienen algunos juegos espontáneos que prácticamente descubren por sí mismos cuando se juntan.

PLATÓN, *Las leyes*

No obligues por la fuerza a los niños en su aprendizaje, sino edúcalos jugando, para que también seas más capaz de divisar aquello para lo cual cada uno es naturalmente apto.

PLATÓN, *La república*

A los niños se les debe excitar al movimiento empleando diversos medios, sobre todo el juego [...] y así sus juegos deben ser en general ensayos de los ejercicios a que habrán de dedicarse en edad más avanzada.

ARISTÓTELES, *Política*

El perrete

Nunca me han gustado los perros pequeños y regordetes, y mucho menos esos a los que llaman *pugs* que no sabes si vienen o se van, porque son paquetitos de manteca y huesos sin forma alguna y tienen el hocico igual de negro que su propio culo. Los nuevos inquilinos tienen uno de esos. Llevan un par de meses en la vecindad y su hijo es el encargado de pasearlo, algunas veces.

Cuando sale, en una mano lleva la correa, con la que arrastra al pobre animal por los jardines, y también la bolsa para recoger las cacas del interfecto. En la otra mano, como una extensión de sus dedos, el teléfono móvil siempre hipnótico, como un punto fijo y absoluto, justo a un palmo de sus ojos, en la línea perpendicular que traza su cabeza agachada y sus pies.

No le gusta pasear al perrete, es obvio, a mí tampoco me gustaría, pero lo hace porque tiene 12 años y así se lo habrán pedido sus padres a cambio de cualquier otra cosa que seguro le complace mucho más. Hace unos días, mientras miraba distraído por la ventana, lo vi arrastrando al perro, otra vez. Llevaba la bolsita de los excrementos llena, pero en vez de ir hacia los contenedores de basura de la entrada del residencial, se dirigía a la puerta de su edificio pasando, sin saberlo, justo ante mis narices. En un momento se detuvo y con total indolencia intentó dejar la bolsa de mierda de su perro entre las hojas de los arbustos bajo mi ventana. Y la abrí.

Le interpelé que no lo hiciera, que ese no era el sitio. Y el niño de 12 años me miró como si tuviera 12 años más que yo, como si fuera a dictar mi sentencia de muerte; me miró como jamás lo hizo mi padre en todos los años de mi vida. No se movió, no dejó de mirarme fijamente, desafiante, arrogante y en su sitio, con ambos pies bien plantados mientras el perro rezongaba como un cerdo vietnamita a su alrededor. Aquel era un duelo digno de John Ford, e igual de estúpido que cualquier otro enfrentamiento entre humanos, tengan la edad que tengan.

Y se lo repetí.

Con el mismo tono, sí. Con la misma intensidad, con la misma mirada tranquila y sabedor de que era la primera persona en su vida que le había dicho un *no* de verdad y sin posibilidad de negociación, sin transigir, sin una sonrisa complaciente o misericorde, sin querer evitar el daño irreparable de ese *no* en su tierna psique de puberto sobreprotegido.

Lo conseguí, o eso creí en ese momento.

No pudo seguir con su pose de tipo duro, de Harry Callahan[1] con un ojo a medio cerrar, calculando cuántas balas le quedaban en el

---

1 Si no sabes quién es Harold Francis «Harry el Sucio» Callahan te invito a que lo investigues y te deleites con uno de los personajes de ficción más políticamente incorrectos de la historia del cine y, como no es real, siempre podrás usarlo como excusa moral para tu regocijo culposo.

tambor del Magnum .44 dispuesto a descerrajarme un plomazo entre ceja y ceja. Agarró la maldita bolsa de mierda y se alejó de mi vista obviándome con el mayor de los desprecios posibles.

No tengo ni idea de si fue al contenedor de basura a tirarla: no lo creo. En una esquina de su edificio se amontonaron varios días seguidos las bolsitas de caca de perro, hasta que una circular de la administración exhortó a los dueños de los perros de la vecindad a tirarlas en los contenedores de basura color gris que están en la entrada del residencial. Ahora son los padres del mocoso los que pasean al pobre y obeso pug.

Casi no lo he vuelto a ver, y cuando lo hago es porque está sentado en algún rincón de los jardines con los ojos clavados en su teléfono inteligente, como el resto de los niños de edades semejantes, hijos e hijas de mis vecinos, que muy de tarde en tarde salen a la fuerza, para que al menos les dé un poco de sol en la nuca.

No se miran, no se hablan, y por supuesto no saben sus nombres ni a qué se dedican los padres de unos y otros, tampoco yo lo sé. Así que, de jugar juntos, mejor ni hablamos.

«Tengo un vecino tonto»[2]

Lo que nunca nos atrevemos a pensar es que posiblemente él piense lo mismo de nosotros y también haga de tripas corazón por tener que estar a nuestro lado aguantando nuestras estupideces y miserias. Pero si al leer esto inmediatamente has pensado: «No, yo no. Yo soy fantástico, yo meo Chanel número cinco y cago pétalos de rosa, así que el que le hace un favor estando a mi lado soy yo», no lo dudes más, los cretinos somos el resto de los habitantes del planeta que no nos hemos dado cuenta de lo maravilloso que es compartir este universo con alguien como tú, imbécil.

2 Tanto el título de este capítulo como el texto de arranque pertenecen a un artículo que escribí en junio de 2011 en una columna de opinión que se publicaba en *El Periódico de Utrera*, del Grupo Vocento. Reconozco que no me costó pocos disgustos, pero ya en aquel momento tenía claro cuáles eran los problemas en los que había que intervenir, aunque fuera tan solo para evidenciarlos.

NO SÉ QUÉ PIENSES AL RESPECTO, pero pareciera que el concepto de *vecindad* fuera algo que cada vez nos pesara más, así que, si se nos presenta la oportunidad adecuada, procuramos que nuestras viviendas estén lo más aisladas, y de ser posible separadas, de las de los demás. No es gratuito, por tanto, que los áticos o *penthouse* sean los departamentos más caros de los edificios de postín, aunque miren a la trasera de otro más grande y lujoso o a un arrabal de viviendas miserables. No tener a nadie viviendo sobre nuestras cabezas es un plus que pagan todos aquellos que pueden hacerlo, con tal de disfrutar de este privilegio aspiracionista tan anhelado de escalar puestos ante la sociedad. Y es que lo «ideal», sin duda, es una casa individual, pero a medida que nuestras posibilidades económicas se reducen, el número de vecinos con los que debemos compartir paredes se va multiplicando exponencialmente.

Si por muchos de nosotros fuera, gustosos nos iríamos a vivir a lo alto de una montaña, o a un bosque perdido, o a una isla en mitad del Atlántico, siempre, por supuesto, que no tuviéramos que renunciar a los parabienes de la modernidad, con tal de no tener que soportar el ruido de los tacones de nuestras vecinas de arriba, oír cómo usan el baño todas las mañanas los de al lado, el llanto de sus hijos cuando son pequeños o el insoportable ruido de sus fiestas. Asumimos que todas estas molestias son el precio a pagar, amén del alquiler o la hipoteca y los impuestos derivados de la propiedad, por vivir donde podemos, y siempre deseamos tener un poco más de dinero para, entre otras muchas cosas, mejorar nuestra calidad de vida, que intrínsecamente va ligada a dejar de oír, o incluso de ver, a nuestros adorables vecinos. Y no te quepa la menor de las dudas: ellos piensan exactamente lo mismo de ti, porque «siempre somos el idiota de alguien», ¿o no lo crees así?

A veces la convivencia vecinal se torna tan tediosa y extenuante que proliferan los administradores externos, esos ángeles de la guarda que evitan que los vecinos tengamos que cargar con la condena de ser presidentes, secretarios, tesoreros, vocales o cualquier otro cargo relativo a la gestión de los lugares comunes y la administración de los dineros de los espacios que nos ha tocado compartir. Cada país ha tenido que legislar al respecto e inventarse oficinas o dependencias públicas para estas cuestiones y, así, generar ordenanzas, instrumentos y estatutos de obligado cumplimiento para vigilar la correcta gestión administrativa y la buena convivencia de los vecinos. Y todo es por nuestro bien, para evitar la aparición del aspirante a dictador o a alcalde vitalicio del condominio, para impedir que las manos largas hagan de las suyas o para que nadie decida unilateralmente abrir una puerta a la calle desde el salón de su casa en una tercera planta o hacer más grande la ventana del baño en un edificio de concreto armado de ocho pisos. E incluso así, los juzgados se atascan de denuncias por todo tipo de tropelías y estupideces que, en la mayoría de los casos, se evitaría con una charla calmada entre iguales, siempre y cuando estos se reconozcan así entre ellos mismos. Y ese es parte del problema.

Si en tu país la respuesta a la pregunta «¿crees que se puede confiar en la mayoría de las personas?» es «sí» en la casi totalidad de las ocasiones que se formule, sin duda no estarás entendiendo casi nada de lo que te estoy hablando y serás noruego, sueco, finlandés o danés. Pero si eres de esa otra parte mayoritaria del mundo, como Latinoamérica, donde solo 12% de la población contesta «sí», entonces sabrás perfectamente a qué me refiero con eso de tener un vecino tonto, aunque jamás te hayas dignado a cruzar con él más de tres palabras y a duras penas sepas cómo se llama.

El índice de confianza interpersonal es la respuesta afirmativa a esta pregunta y, desde hace ya varias décadas, es un termómetro bastante fiable de la salud y de la convivencia de una sociedad. Y sí, un buen dato es reflejo de una sociedad más sana, con una convivencia más fluida y civilizada, en definitiva, con menos «tontos», aunque ahora no me quieras creer. Y, ¡ojo!, recuerda siempre que es muy posible que él piense lo mismo de ti.

Confiar es dar carta de igualdad

Si lamentablemente te ha tocado, o has elegido, como en mi caso, vivir en esta parte del mundo donde desconfiamos casi de forma sistemática de los demás, habrás percibido que este problema parece que se va acuciando con los años, y tienes toda la razón.

Fue en 1990 cuando se hizo uno de los primeros estudios de confianza interpersonal en algunos países latinoamericanos; el dato positivo de México entonces, por citar a un país en concreto y que tomaremos como ejemplo recurrente por razones obvias en este libro, ascendía a 30.2% de la población. Esto es, 30 de cada 100 mexicanos afirmaban que sí se podía confiar en la mayoría de las personas (vecinos, compañeros de trabajo o de la escuela, o quien fuera, porque recuerda que todo aquel o aquella a quienes no reconocemos como nosotros es el otro, o sea, la mayoría de la gente). Este dato igualaba al país azteca con otros porcentajes similares y más actuales de países europeos como Portugal. Pero desde entonces este indicativo ha ido cayendo de manera constante y sitúa hoy a México tan solo seis puntos por encima de la media de confianza interpersonal de los países del sur de su propia frontera. En 18%, según las cifras más optimistas, y 10.5 %, según las más pesimistas. Muy lejos ya de Europa y de sus vecinos de arriba que, aunque fluctuando y también a la baja,[3] se situaban en el lapso de 2017 a 2020 en un más que honroso 37 por ciento.

Da la sensación, porque dudo que hayas oído hablar de este asunto antes de leerme, de que la confianza fuera un tema menor en la cultura europea y latinoamericana. Pero resulta que los estadounidenses llevan desde antes de que el hombre pisara la Luna estudiando este fenómeno, y tienen la firme convicción de que un alto grado de confianza interpersonal eleva drásticamente los índices de salud democrática de un país, baja los de corrupción, aumenta los de inteligencia de la población y, ¡Santo Grial de la autoayuda!, hace que la gente que cohabita bajo la premisa de «sí se puede confiar en la mayoría de la gente» sea más feliz. ¿Cómo te quedas? Sé que igual que te han hecho creer que tu himno nacional es el segundo más hermoso después de la Marsellesa, también crees que tu país es, si no el más feliz, sí uno de los más felices del mundo, pero te invito a que dejes esas ideas en suspenso durante un rato, a ver a dónde llegamos.

Es lógico pensar que este asunto de la confianza, con el que ya llevo unos cuantos libros lidiando, y que también será el tema toral de este ensayo, sea entonces una especie de pegamento social, un aglutinante natural y consustancial a nuestra condición de animales humanos que posibilita la convivencia, la hace más grata y

3 Según un artículo de Josh Morgan de 2014, en 1967-1968 gozaban de 56% de confianza interpersonal; en 1972, de 46 %, y en 2012, de 32 por ciento.

llevadera y, por extensión, aumenta nuestro interés y el sentido de la responsabilidad, debido a lo cual participaríamos de las acciones comunitarias, vecinales y, en definitiva, de la acción pública. A mayor participación ciudadana, mayor control de las acciones políticas de nuestros representantes y, por ende, mayor salud democrática y menor posibilidad de meter la mano en el dinero público. Ahora mismo te estarás preguntando qué tiene que ver esto con ser más inteligentes o felices... ¿Será realmente cierto eso que afirma la filósofa española Adela Cortina de que «la confianza es el principal "recurso moral" de una sociedad»?

Esto se va poniendo interesante: si no conoces a tu vecino, ya que no confías en la mayoría de las personas, y ocupa en tu entendimiento esa categoría de otro, ¿cómo sabes que es, a todas luces, tonto o poco inteligente? ¿Has intentado, por contrapartida, demostrarle alguna vez lo inteligente y confiable que eres tú?

Lamentablemente, al animal humano, desconfiado y egoísta, se le puede hacer creer con mucha facilidad que es especial y maravilloso, y más si en el fondo dudamos de que no somos tan merecedores de estos halagos. Así esa palmadita en el hombro, ajena o propia, pero que tanto nos reconforta, borrará toda sospecha. Además, ya que la comparación con los demás es la forma más sencilla de desvelar este engaño de nuestra autopercepción miope, puesto que saca al otro de la ecuación y de la posibilidad de un aprendizaje dialéctico, nos quedaremos con un sujeto solitario y endiosado de su propia individualidad irrepetible.

Así que nos creemos únicos. Y por alguna razón que aún se escapa de mis entendederas y que seguro tiene alguna explicación relacionada con la bioquímica de nuestro cerebro, acabamos asumiendo que ser únicos y diferentes nos hace ser especiales. Y ser especial, cuando se trata de uno mismo, es creerse mejor que los demás, a menos, claro, que seas una persona acomplejada y cargada de miedos, pero esa es otra historia.

En muchas ocasiones, para refutar fácilmente este silogismo tan egoísta y falaz, a mis alumnos les explico que el oro es valioso porque hay poco y cuesta mucho trabajo extraerlo (amén de lo bonito que les pueda parecer a algunos) y que, si este metal fuera tan abundante como lo son otros muchos y tan fácil de conseguir como estos, las latas de refresco bien podrían ser de oro y no por ello dejaríamos de tirarlas a la basura. Si todos somos únicos e irrepetibles, ¿qué demonios hacemos enorgulleciéndonos de ello como si nosotros fuéramos los únicos originales y todos los demás clones idénticos los unos de los otros? Si todos somos especiales, ¿qué carajo hay de especial en serlo?

Sí, es cierto, a pesar de lo dicho, todos somos diferentes, tanto como la composición única de cada una de las bolsas de basura que son quemadas por millones en los vertederos alrededor de las megaciudades del tercer mundo. Así que, esencialmente, esa diferencia nos hace iguales, igual de únicos e irrepetibles, sí. Pero ¿qué tiene esto de valioso si no somos capaces de hacer nada realmente importante con nuestra individuación, con eso que nos hace especiales, si no hacemos más que imitar a los demás?

Confiar en el otro nos permite darnos cuenta de todo esto, conocer nuestras diferencias respecto a los otros y, sobre todo, reconocer atónitos lo mucho que se parecen nuestras percepciones del mundo y nuestros anhelos, nuestros miedos e inseguridades. Con el otro refrendamos la necesidad de sabernos partes de un todo que nos dé nuestro lugar, que nos entienda y asista, que nos permita darnos y desarrollarnos con los demás y descubrir que nuestro vecino no es tan tonto como creíamos, o por lo menos no mucho más de lo que nosotros mismos lo somos.

Recuerda que, como dijo Adela Cortina, «nadie es capaz de descubrir en solitario qué es lo verdadero o qué es conveniente, sino que necesita entrar en un diálogo con otros para ir descubriéndolo conjuntamente».

Confiar trasciende la barrera de los sentimentalismos. Los que nos dedicamos a la enseñanza sabemos que mal vamos si no somos capaces de ganarnos la confianza de nuestros alumnos, porque se cerrarán en sí mismos si no lo logramos, desconfiarán de nosotros y se negarán a aprender, tengan la edad que tengan. Todo se vuelve más difícil así y ¡ay del profesor novato que no aprenda esto rápido!, porque la autoridad no solo te la da el puesto, sino también aquellos a los que se te ha encomendado educar. Y por mucho que Maquiavelo se empeñara en decir a su príncipe que «es mucho más seguro ser temido que amado cuando se haya de prescindir de una de las dos [cosas]», en esto de enseñar el cariño y la confianza son nuestros aliados principales. La confianza en el otro, en el que te enseña, facilita el aprendizaje en cualquier situación y pronto lo verás... si aprendes, por supuesto, a confiar en mí y lo que te digo... ¡Pero cuidado!, ¡que tampoco confiar es un ejercicio de fe ciega!

Sigamos.

El otro y la otredad

SÉ QUE ES MUY PRONTO PARA METERME EN ESTAS HONDURAS y te prometo ser muy breve y conciso. Pero no se puede hablar del concepto de *el otro* y nuestra relación con él —pues los que saben le llaman a esto *la otredad* o *la alteridad*— sin rascarle un poco a la filosofía y darnos cuenta de que este tema no es nuevo y que llevamos algo más de un par de milenios dándole demasiadas vueltas y patadas.

Los griegos clásicos, esos que condicionaron nuestra forma de pensar y entender el mundo, como ya deberías de saber, no consideraban a todos los humanos como semejantes, como iguales. Había una diferencia siempre a favor de ellos frente a los esclavos, las mujeres o los extranjeros. Todo aquel ser humano que no fuera griego, hombre y libre eran *otros*. Para poder dialogar entre pares, confiar y poder darnos el lujo de aprender mutuamente, debe haber un interlocutor que asumamos como un igual. Lo otro es un ser diferente, no es tan «yo» como «nosotros», y para los griegos ser diferente era esencialmente ser inferior, como lo sigue siendo actualmente para la mayoría de los que nos bien consideramos sus herederos en el uso de la *razón*. Paradójico, ¿verdad?

Recuerda que todos nos sabemos especiales, que es lo mismo que decir que somos iguales en esta característica falsamente diferencial, ¿no? Pero aun así no faltarán aquellos a los que se le ocurra argumentar que, sí, «todos los animales [humanos] son iguales, pero algunos animales [humanos] son más iguales que otros». Si estás de acuerdo con esto, cierra el libro, bébete un vaso de agua y háztelo ver con calma. Luego ¡sigue leyendo!

Así que desde muy pronto se plantaron estos desequilibrados cimientos para entretenernos durante siglos construyendo lo que se llamó *el problema del Otro*. Prepárate que esto se pone denso:

> El «problema del Otro» —como «problema del prójimo», de «la existencia del prójimo», de «la realidad de los demás», del «encuentro con el Otro», etc.— es un problema antiguo en tanto que desde muy pronto preocupó a los filósofos [...] la cuestión de cómo se reconoce al Otro —o al prójimo— como Otro; qué tipo de relación se establece, o se debe establecer, con él; en qué medida el Otro es, en rigor, «los otros», etcétera.
>
> J. Ferrater Mora

Si leyendo esto empezó a sangrarte la nariz, o te zumban los oídos, o lo has tenido que releer varias veces, o lo has dejado por imposible, no desesperes, no todo será así de denso. Pero por si las moscas, no estaría mal que te fueses haciendo con unas gasas, curitas, algún buen desinfectante y un diccionario... para prevenir, porque se pondrá peor.

Así que, uno tras otro, la mayoría de los filósofos se detuvo y se exprimió el seso con el mentado problemita. El amigo Descartes, por ejemplo, se preguntaría cómo dar legitimidad al otro a partir del *cogito ergo sum* (aquello de «yo pienso, luego existo» si no se te da bien el latín), un gran problema si el *cogito* es un ejercicio exclusivo del *yo* y que tan solo demuestra su propia existencia y no la de los otros, porque no dijo «pensamos, o piensan, luego todos existimos» sino *pienso* en primera persona del singular, tenlo en cuenta.

Para Kant, el otro era un ser moral no carente de complejidad dentro de un modelo basado en el deber como un imperativo, como algo que hay que hacer sí o sí: una orden superior e ineludible que nace de la propia razón del individuo, del *yo*, pero no del *nosotros*. Así, este imperativo al que él llamó *categórico*, o sea que afirma o niega de manera absoluta y sin condiciones ni alternativas, decía: «obra de tal modo que la máxima de tu voluntad pueda valer siempre, al mismo tiempo, como principio de una legislación universal». Como ves, no hay atisbo de plural alguno, aunque sí una pretenciosidad a prueba de bombas.

Otro fue Hobbes, que no se cansaba de decir que la naturaleza humana era ontológicamente igual. Y aunque pudiera parecer obvio que todos somos diferentes, y estas diferencias de fuerza, tamaño, o las que quieras, pudieran desbalancear esta igualdad natural, no era así, según él. Para Hobbes, nuestros deseos individuales (otra vez el *yo*) serían los que finalmente nos diferencian y enfrentan.

> La naturaleza ha hecho a los hombres tan iguales en sus facultades corporales y mentales que, aunque pueda encontrarse a veces un hombre manifiestamente más fuerte de cuerpo, o

> más rápido de mente que otro, aun así, cuando todo se toma en cuenta en conjunto, la diferencia entre hombre y hombre no es lo bastante considerable como para que uno de ellos pueda reclamar para sí beneficio alguno que no pueda el otro pretender tanto como él. Porque en lo que toca a la fuerza corporal, aun el más débil tiene fuerza suficiente para matar al más fuerte, ya sea por maquinación secreta o por federación con otros que se encuentran en el mismo peligro que él.

De hecho, fue el propio Hobbes quien rescató para la historia de la filosofía y de la modernidad en general aquella cita tan famosa de «el hombre es un lobo para el hombre», sacada de una obra de Plauto, autor latino del siglo II a. C.[4] Dicha cita explicaba que el hombre es violento por naturaleza y encontrará siempre en el otro el objeto sobre el que descargar su ira, su miedo, sus envidias, su frustración, y tanto es así, que estamos obligados a pactar nuestra convivencia sobre el principio de renunciar a nuestra naturaleza violenta a cambio de que una fuerza superior, el Estado, articule nuestra convivencia. Así pues, no nos vemos como iguales, a menos que el Estado nos obligue a ello.

Ejemplos en la historia del pensamiento occidental de esta omnipresente perspectiva egocéntrica hay cientos. Echemos un vistazo ahora al poético caso nietzscheano, que dio un salto mortal matando a Dios para desahuciar a un hombre que consideraba dé-

---

[4] Al final del segundo acto de la divertida comedia *Asinaria* o *La comedia de los asnos*, Plauto nos dice: *lupus est homo homini, non homo, quom qualis sit non novit*, que se puede traducir como: *Cuando una persona te es desconocida, pues es para ti como un lobo, no un hombre.* ¡Desde luego que más desconfiado no puede ser!

bil, aborregado y sin voluntad, y transmutarlo en el superhombre capaz de doblegar el mundo gracias a su propia voluntad de poder:

> El individuo parece obligado a promulgar sus propias leyes, a inventar procedimientos y artificios que le permitan conservarse, elevarse, liberarse. Por todas partes, objetivos nuevos y medios nuevos...

O el modelo absolutamente trágico de los existencialistas franceses, aquella idea tan torturada de angustia vital y vacío existencial, que reivindicaba una ética de la responsabilidad individual, a pesar de negar en todo momento la posibilidad de libertad del ser humano.

> El hombre no es nada más que su proyecto, no existe más que en la medida en que se realiza; por lo tanto, no es otra cosa que el conjunto de sus actos, nada más que su vida.
>
> Jean-Paul Sartre

Y así, hasta llegar a nuestros días, donde *el problema del Otro* se nos ha presentado ya como un conflicto universal y difícilmente reconciliable desde las reglas de un juego que hemos dado por buenas, herederas de siglos de elucubraciones y pajas mentales e intentos de imposición ideológica, religiosa, política o incluso económica si es que queremos ser más contemporáneos o *mainstream*.[5]

5 No sabes lo poco que me gusta esta palabra tan de moda, o de tendencia mayoritaria, que es lo que en realidad significa.

Hoy pareciera que la crudeza y la desesperanza se han instalado en el corazón de muchos pensadores críticos, analistas de la realidad o politólogos que, cansados y hastiados, ya no saben cómo gritar para hacerse oír desde las páginas de unos libros que difícilmente llegarán a ser leídos más que por ellos mismos, porque son difíciles de encontrar, son poco atractivos y, no nos engañemos, en conclusión, no son negocio para nadie.

> El «yo» y el «tú» siempre han sido una dialéctica más que un diálogo, una lucha por el dominio, antes que una concordia. Pero en nuestro tiempo, si cabe, la convivencia se ha deteriorado aún más. El «tú», única alternativa del diálogo posible, se ha convertido en un «él», del que se habla, incapaz de estar en escena, una voz en «off», lejana, artificial. La degeneración del «tú» ha llegado a consecuencias más graves todavía. Del «él» al «ello» solo hay un paso consecuente, la despersonalización total, la degradación de la persona en un objeto. ¿Qué es sino el consumismo? La angustia del «yo» que no encuentra al «tú» dialogante y se satura del «ello», materia sin alma, cosas, objetos para acolchar la soledad y que remiten a un «tú», necesario. El hombre actual compra objetos para «personalizarlos» y hacerlos un «tú» de difícil diálogo. Esta enajenación del hombre moderno habría que verla con la perspectiva de otra época para contemplar tanto vacío y ridiculez.
>
> Amancio Sabugo Abril

En gran medida, por estos derroteros transitaremos en este librito, a ver hasta dónde somos capaces de llegar sin desangrarnos demasiado mutuamente.

La falta de confianza interpersonal

Uno de los grandes problemas al tratar los asuntos derivados de la falta de confianza interpersonal es que, por algún motivo que también me cuesta reconocer, siempre lo asociamos al mundo de los adultos, o de quienes toman las decisiones, sin darnos cuenta de que este problema no atiende ni a edades ni a sexos.

Quizá esto suceda por nuestro profundo desconocimiento, o quizá desdén, del mundo de los más pequeños. Al hablar del mundo infantil siempre proyectamos nuestros propios recuerdos y experiencias, cuando en realidad deberíamos diferenciar de forma clara el antes del hoy, reconociendo que no sabemos muy bien cómo son los de ahora, o cómo perciben el mundo en el que viven. Y es que no me negarás que este mundo es diametralmente diferente al que nos tocó a nosotros, ya tengas 25 o 90 años. Además, por mucho que intentemos proyectar nuestra memoria en el aquí y ahora, ni esta es toda lo perfecta que debiera, ni tampoco nuestros recuerdos son capaces de rememorar el complejo mundo infantil desde nuestra única experiencia.

Quizá nuestro egoísmo, que reduce todo al cosmos en nuestro ombligo, tenga también la culpa de esto, no lo sé. Lo que sí sé es que, en los diferentes estudios e informes consultados, para poder escribir estas letras que ahora lees, no se discriminan tampoco los resultados por edad cuando se trata de evaluar cuánto confiamos en los demás, y en consecuencia se podría decir incluso que: «No hay diferencia significativa en el nivel de confianza interpersonal por edad de las y los encuestados» y sí, este informe del Instituto Nacional Electoral y El Colegio de México ya lo referencié en un libro anterior y me costó no pocos dolores de cabeza.

Es más, en el artículo antes citado a pie de página, Josh Morgan nos dice que si bien uno de cada tres adultos estadounidenses afirma que sí se puede confiar en los demás, este dato cae a uno por cada cinco en los adolescentes sobrinos del Tío Sam consultados. Así que lejos de mejorar los datos de los mayores o igualarlos, los empeora sustancialmente. Quizá este ahondamiento en las cuestiones de la confianza interpersonal de los estudios estadounidenses, más sensibles históricamente a esta cuestión, respecto de las diferencias entre edades de los encuestados, sea una línea de investigación que habrán de seguir posteriores estudios en el resto del mundo, pero sea como sea ¡mucho cuidado!, pues intuyo que los resultados no habrán de ser nada halagüeños en cuanto rasquemos un poco.

Debemos, entonces, distanciarnos de nuestra propia infancia a la hora de valorar la actual. Dejar a un lado los recuerdos de aquellos juegos interminables en la calle con los hijos de los vecinos, o cuando al caer algunas gotas corríamos en manada a la casa del amigo más cercano a resguardarnos del agua para seguir con toda la variedad de juegos *indoor* que entonces existían en ausencia de los productos de las tecnologías de la información y la comunicación de los que hoy disfrutan los más pequeños.

Piensa. Si nosotros no confiamos en nuestros vecinos, es imposible que nuestros hijos jueguen con sus hijos, porque igual que no permitimos que sus hijos entren en nuestras casas, ellos hacen lo propio con los nuestros y, no nos engañemos, ¿cuándo podrán conocer nuestros hijos a los suyos si ni siquiera permitimos que bajen a la calle a jugar? ¿A jugar con quién?

Nuestros hijos tienen como primer marco de referencia moral a sus padres, en el mucho o poco tiempo que pueden pasar con ellos. Ya sabemos que no es el mismo tiempo el que unos padres mexicanos pueden dedicar a sus hijos en comparación, por ejemplo, con otros padres alemanes.[6] Y por supuesto, la confianza en los demás es una de esas transferencias de valores que se adquieren por imitación y asimilación en los primeros estadios de nuestro desarrollo como animales humanos.

Si los padres no confían en los vecinos, en las personas que se puedan encontrar por la calle o en el supermercado, o en los padres de los compañeros de la escuela de sus hijos, y para colmo ni se preocupan en esconder esta desconfianza y colman sus conversaciones de descalificaciones y recelos sobre todas estas personas, e incluso se atreven a ordenar a sus hijos de manera absoluta y acrítica que

6 Según cifras de la OCDE, en 2018 un mexicano trabajaba de media 2 255 horas al año, y un alemán, 1 363, casi 900 horas menos y, obviamente, este dato afecta de inmediato la posibilidad de poder disponer de tiempo de calidad con la familia. En agosto de 2021 estas cifras fueron actualizadas y ni con la pandemia de COVID-19 se consiguió bajar esa cifra significativamente: México 2 124 horas frente a Alemania con 1 332, a pesar de que el teletrabajo tuvo menor implantación en México por razones obvias.

«no confíen en nadie», el mensaje no puede ser más claro y directo. Con el agravante de que estas pequeñas víctimas de los miedos y debilidades de sus padres asumirán como normal desconfiar sistemáticamente de los demás, cosa que no les pasaba a sus progenitores cuando eran niños y, como hecho extraordinario, o solamente privativo y restrictivo del ámbito familiar, asumirán lo contrario, o sea, poder confiar en esos *otros* quizá no tan cercanos, pero que al ser familia ya se convierten en *nosotros*,[7] que es una extensión del *yo*.[8] Pero para lo que aquí nos trae, que nuestros hijos puedan confiar en un primo o una tía que ven un par de veces al mes con suerte no nos va a ayudar demasiado, y ya verás por qué.

Así que no jugar con los hijos de los vecinos o sus compañeros de colegio fuera de la seguridad institucional del horario escolar es el resultado lógico de toda esta ecuación para una generación que nunca ha sido privilegiada. Contrario a nosotros, que sí pudimos disfrutar de poder confiar en los demás libremente, pero con ciertos criterios, en cualquier estadio de nuestro desarrollo. Pero ¿qué consecuencias podría tener esta falta de confianza y merma de contacto social de nuestros hijos? ¿Es tan importante esto de la confianza interpersonal de los más pequeños como para tener

---

7 Esta idea tan extendida de que en el seno familiar los niños están más seguros que en ninguna otra parte se cayó estrepitosamente cuando afloraron las primeras cifras de violencia y abuso infantil en el hogar durante la cuarentena pandémica. Como muestra, aquí te dejo este titular para el horror: «En el confinamiento, durante la pandemia, el número de quejas por abuso sexual infantil se disparó casi 500%, aseguró el Consejo Ciudadano», Azteca Noticias, 26 de abril de 2022.

8 La etimología de la palabra *nosotros* es la conjunción del pronombre medieval *nos*, que era un modo de decir *yo* muy protocolario reservado a la realeza, y la palabra *otros*.

que preocuparnos? ¿Acaso se nos está pasando algo por alto? ¿Qué hay tan importante en esto de no jugar con los hijos de los vecinos que tenga que alarmarnos, más que tranquilizarnos por saber que están en casa seguros y protegidos?

Si no juega con otros no se mueve

Hasta la aparición de los videojuegos, la única forma posible de jugar sin moverse del lugar era alrededor de una mesa, jugando al ajedrez, las damas, las cartas, montando puzles, jugando al dominó, el parchís y demás entretenimientos similares que solían ser o de mayores, o de aburridos, o de raritos, como los juegos de rol y, sobre todo, más propios de tardes frías o lluviosas en familia, o de inoportunas convalecencias forzosas. Incluso había juegos de este tipo en formatos de bolsillo y magnéticos para cuando se hacían largos viajes, que jamás fueron los preferidos de los niños. Además, las piezas eran tan pequeñas que se perdían casi al desembalar el juguete.

Lo normal en décadas pasadas, y siempre que las condiciones lo permitiesen y vivieras en la parte del mundo correcta, era largarte a la calle en cuanto el adulto responsable de ti te daba licencia, bien después de comer, o bien tras hacer la tarea que te habían dejado. En la calle es donde nos esperaban horas de diversión junto a nuestros amigos y amigas de siempre, los de la pandilla, la banda, el grupo, la cuadrilla, o como llamen en tu tierra a un grupo regular de amigos, amigas y compañeros que se reúnen para jugar, pasarlo bien, hacer travesuras o cualquier cosa similar, en la que un adulto no tenía cabida.

Los juegos eran tan variados como nuestros posibles acentos, y las formas de jugarlos, infinitas. Una pelota o un balón podía ser la llave para mil reinterpretaciones dependiendo de su tamaño, dureza, estado de conservación o el sitio donde vivieras. Cualquier objeto era susceptible de convertirse en un tesoro precioso gracias al cual podías pasar horas de entretenimiento sin medida: una lima para metales o una varilla de hierro de alguna construcción cercana, una peonza o trompo, unas canicas de vidrio o unos rodamientos de acero, una cuerda, un elástico o resorte, unas chapas o corcholatas de botellas, una piedra roma y unas marcas en el suelo, una pared o un árbol sobre el que contar mientras los demás se esconden, un bote vacío o una lata a la que dar patadas, un palo de madera, unos pañuelos o retazos de tela, unas cajas de cartón... Daba igual que no tuvieran marca comercial, daba igual que no llevaran instrucciones o modos de empleo. Una raqueta hacía de bate de beisbol o un pedazo de tubería y si no la propia mano, y con las manos se hacían hermosas rutinas entrechocándolas mientras se acompañaban los movimientos hábilmente coreografiados con canciones. Lo recuerdas, ¿verdad? ¿No fue así tu infancia?

Llegado el momento fatídico de la vuelta al hogar, y en ausencia de teléfonos móviles, no faltaba el grito desde la ventana o la puerta de casa para marcar la hora del fin de la diversión, y era habitual escuchar súplicas como «¡cinco minutos más, por favor!». Y aunque nunca escuché un «sí, de acuerdo», esos cinco minutos se podían convertir fácilmente en 30, o más, aun a sabiendas de que la chancla amenazante siempre estaba presente en una época donde era impensable que un niño denunciara a sus padres por darle unos azotes por llegar tarde. Había que volver a casa para cenar, sí, y después ducharse y dormir para volver al día siguiente a la escuela y, si las condiciones meteorológicas mínimas se volvían a cumplir, regresar a la calle para jugar nuevamente hasta la extenuación.

Los niños de ayer sufríamos de los males propios de aquellas tardes que tan breve se nos pasaban. Raspaduras, torceduras, la rotura de un hueso o algún punto de sutura en la barbilla, la frente, la cabeza o allí donde el despiste o la intensidad del juego se desmadró y nuestra habilidad para esquivar el accidente fracasó de manera estrepitosa.

La ropa era otro de los daños colaterales de nuestro modo de diversión. Parches, hoy casi imposibles de encontrar en las pocas mercerías que quedan, y remiendos por doquier eran el motivo principal de la decoración de los codos, rodillas, posaderas o entrepiernas de nuestros uniformes escolares o de la ropa de diario. Sin hablar, por supuesto, de los kilos de detergentes y miles de litros de agua gastados en eliminar las manchas de tierra, hierba o cualquier cosa susceptible de ser restregada, untada o embadurnada sobre nosotros.

Las campañas para despiojar a los niños se repetían estacionalmente, aunque no eran el único parásito molesto que nos podía visitar, pues ningún niño estaba libre de padecer los insufribles picores íntimos de los oxiuros.[9] A pesar de todo, y en contra de los ac-

---

9 Son lombrices intestinales parasitarias, atacan solo a los humanos entre los tres y seis años, son de color blanco y no miden más de cinco milímetros, y no, no son peligrosas, solo muy incómodas. El principal síntoma es picor y dolor en la región anal o en los genitales. Si dudas de haber padecido esta infección te aseguro que no la padeciste; de lo contrario, te acordarías perfectamente, como yo lo hago.

tuales paradigmas mojigatos de cómo educar y proteger a nuestros hijos, milagrosamente la mayoría sobrevivimos para convertirnos en estos padres que hoy no se dan cuenta de lo útil que fue para nosotros jugar con los hijos de nuestros vecinos.

La Organización Mundial de la Salud asegura que el sobrepeso y la obesidad infantil es uno de los problemas más graves del siglo XXI, ya que en los últimos 40 años el número de niños gordos del mundo se ha multiplicado por 10. En lo relativo a Latinoamérica, México ocupa el dudoso honor de ser la nación con mayor porcentaje de sobrepeso y obesidad infantil del mundo: la suma de ambos alcanza 37.9% en las zonas urbanas del país, 29.7% en las rurales en niños de entre 5 y 11 años, y 39.7% y 34.6%, respectivamente, en menores de 12 a 19 años. Pero no te creas que este dato alarmante neutraliza de alguna forma las cifras de desnutrición en el país, que aún prevalece en 7.25% en niños de entre cinco y 14 años, quienes padecen desnutrición crónica en las mismas ciudades y el doble fuera de ellas. Y tan solo 17.9% de cada 100 niños mexicanos (niñas es el 12.5%) de entre 10 y 14 años reconoce hacer una hora diaria de actividad física moderada o vigorosa, relacionada directamente con el jugar en el sentido más tradicional de la palabra.[10] De hecho, los titulares de prensa ya están avisando la que se nos viene encima:

---

10 Como dice un comunicado de prensa del INEGI «Esparcimiento y juego: Aunque entre 2013 y 2018 el número de establecimientos dedicados al deporte creció a una tasa promedio anual de 5.4% (Censos Económicos 2014 y 2019), la mayoría de las niñas y niños de entre 10 y 14 años de edad son físicamente inactivos. Solo 12.5% y 17.9% realizan al menos 60 minutos de actividad física moderada-vigorosa siete días por semana, respectivamente (Ensanut 2018)».

> México, uno de los países con menos índice de actividad física del mundo [...] El país ha visto un rápido aumento de la obesidad adulta, debido a un crecimiento exponencial de la prevalencia de la obesidad infantil.

Otro más:

> En una década, 40% de niños y adolescentes serán obesos.

Vuelve arriba un momento.

¡Una hora, una maldita hora de actividad física al día! Jugar tan solo una hora al día bien podría haber sido un castigo cruel por haber perpetrado alguna trastada en casa cuando éramos chicos. Ahora, esa misma raquítica y miserable hora es el récord de tiempo de actividad física vigorosa al día de los niños más afortunados de México.

Sí, entiendo que para muchos esto es torcer la estadística y hacer coincidir *actividad física moderada a vigorosa* con *juego* es una falacia argumentativa. Pero no es mi intención justificar mi argumento así, tan solo te traslado los datos oficiales, que ni siquiera se molestan en hacer la distinción entre ambos conceptos. Y si lo piensas, ¿qué otra actividad física moderada o vigorosa cabe entre los niños y niñas de 10 a 14 años que no sea jugar...? Razona y piensa muy bien tu respuesta sin pasarla por el filtro subjetivo de a lo que te gustaba o no jugar cuando tenías esa edad.

Toma aire.

Si entendemos que una consecuencia lógica del juego es la activación física, podemos ver claramente la relación entre la ausencia de este y el aumento obsceno de la obesidad infantil. La situación es tan dramática que en noviembre de 2016 el Gobierno mexicano decretó la alerta epidemiológica por obesidad, sobrepeso y diabetes mellitus tipo 2,[11] pues 30 de cada 100 niños obesos ya presentaban un estado prediabético, según advirtieron los especialistas de la Universidad Nacional Autónoma de México y, obviamente, este problema entre los adultos es casi una ordinariez obscena, ya que 70% de este sector de la población tiene sobrepeso y cada año 105 000 personas mueren a causa de la diabetes.

Si los niños ya no juegan, ya no se activan físicamente, aún menos lo harán sus gordos e inamovibles padres y mucho menos en México, donde tienen las jornadas laborales más largas del mundo y cuando regresan a casa no les queda ni el aliento.

Obviamente, la falta de actividad física no es el único factor determinante de esta problemática mundial. Los malos hábitos alimenticios, exacerbados por la infinita premura de los actuales ritmos de vida y la predisposición congénita de unos hijos de padres gordos son las otras incógnitas despejadas de esta ecuación. La falta de tiempo para dedicarnos a alimentarnos bien a nosotros mismos y a nuestras familias, provocado también por la nula conciencia real del daño que una dieta mal equilibrada produce en todos, y especialmente en los más pequeños de la casa, unidos con la desaparición de la actividad física que antaño realizábamos de manera habitual jugando diariamente varias horas en la calle con nuestros amigos, dan como resultado la combinación perfecta de ingredientes para esta nueva peste contemporánea.

[11] O simplemente diabetes tipo 2. Es el más usual de estos padecimientos y su causa determinante más común es la obesidad o el sobrepeso, entendiendo aquí sobrepeso como aumento del perímetro abdominal.

Si no se mueve no actualiza sus capacidades

Atento. Nos cuesta demasiado trabajo entender el concepto *animal humano*, lo sé. Y es que a pesar de que lo utilizo con profusión, o bien nos fijamos en lo que de *animal* tenemos, o en lo pretendidamente *humanos* que nos creemos, sin atender al binomio tal cual se presenta: como la entidad indisoluble que es. Te lo voy a explicar.

Como animales humanos que somos, necesitamos de la activación física y puesta a punto de nuestras capacidades biomecánicas, de ejercitarlas, desarrollarlas, dominarlas y perfeccionarlas para que, y gracias a ello, nuestras capacidades cognoscitivas, las que nos sirven para conocer, vayan de igual manera y a la par, actualizándose los diferentes estadios que nos completan como personas hasta la madurez.

Desde que somos bebés hasta que maduramos como individuos (y esto último, como bien sabes, puede ser un poco confuso y depende de muchísimos factores, ya que no nos es difícil encontrar adultos infantilizados que compran juguetes de Star Wars y videojuegos con casi 50 años...). Perdón, corrijo y empiezo de nuevo...

Desde nuestro nacimiento hasta la adultez el animal humano está constantemente trabajando y ensayando su habilidad de coordinar los músculos y demás elementos móviles de su cuerpo (motricidad). Para tal fin conjuga la capacidad de percibir sensaciones a través de los sentidos y la habilidad de pensar e interpretar lo que siente (psique). Ambas capacidades se encuentran imbricadas a la perfección y dependientes la una de la otra y hábilmente definidas en lo que los psicólogos llaman, sin haberse comido mucho el talento: *psicomotricidad*. De tal manera, desarrollar las distintas destrezas motrices será absolutamente indispensable para adquirir conocimientos, esto es, para aprender a interpretar el mundo con el que se relaciona, o como diría De Lièvre y Staes si necesitas una tercera explicación:

> Para adaptarse de manera flexible y armoniosa al medio que lo rodea. [La psicomotricidad] Puede ser entendida como una mirada globalizadora que percibe las interacciones tanto entre la motricidad y el psiquismo como entre el individuo global y el mundo exterior. Puede ser entendida como una técnica cuya organización de actividades permite a la persona conocer de manera concreta su ser y su entorno inmediato para actuar de manera adaptada.

¿Bien? No parece entonces que este concepto sea una cosa menor o ajena a nosotros, ¿verdad?

De hecho, si podemos hablar de percepción, entendimiento y control del movimiento, del espacio, el tiempo, los objetos, o los otros (los demás), es gracias a nuestras habilidades psicomotoras una vez desarrolladas y perfeccionadas, pues ellas posibilitan esta interacción entre lo físico y el nosotros como seres sintientes. Todo esto, como te decía, se va desarrollando desde nacimiento hasta nuestra adultez.

Y claro, aquí viene el *quid* de la cuestión. Hoy en día son muchísimos los psicólogos y pedagogos que investigan sobre el correcto desarrollo de las habilidades psicomotrices y, sobre todo, en cómo mejorarlas y solucionar los muchísimos problemas derivados de las mermas y la inmadurez de estas; de su pobre desarrollo. Problemas tan variados como la falta de coordinación en los movimientos, la orientación espacial, el control muscular, escribir letras o números al revés, saltarse palabras o líneas completas al leer, o tener una baja autoestima e inseguridad en sí mismos son provocados por las carencias y trastornos en el correcto desarrollo de estas habilidades psicomotrices en los más jóvenes.

Todos estos son problemas cada vez más frecuentes y seguramente te sonarán cercanos, si no es que los tienes ya en tu propia casa. Pareciera ser casi una epidemia más de este siglo maldito y no faltarán los estudios que asocien estos problemas al abuso de los dispositivos electrónicos en las manos de los más pequeños, y quizá no estén faltos de cierta razón. Aunque el abuso de estos dispositivos se deba, en gran medida, al intento de paliar otro problema que ya intuyes.

Seguro estarás pensando: **«Sí, es cierto, los niños ya no juegan, pero además los tiempos han cambiado. Ahora tenemos otras formas de entretenimiento».**

Pero ¿y nosotros? ¿Y el animal humano? ¿Acaso hemos evolucionado como especie igual de rápido como para adaptarnos sin problemas a estas nuevas circunstancias, a esta revolución tecnológica?

Aunque los especialistas no suelen coincidir en la terminología a la hora de nombrar y etiquetar las distintas fases del desarrollo psicomotor en los animales humanos, donde sí que lo hacen, más o menos, es en sus intervalos temporales. Estas etapas van desde el cero hasta los casi tres años, de los tres a los seis, de los seis a los nueve o 10 años y posteriormente hasta los 12 o 13, finalizando en los 18. Cada uno de estos estadios tiene el nombre que la escuela en turno tuvo a bien ponerles, eso es lo de menos. Pero atento, en lo que sí hay unanimidad es en el papel decisivo del juego, desde cero años hasta el inicio de la adolescencia (que corresponde con el arranque de la última fase del desarrollo psicomotor) como el elemento fundamental y posibilitador de la adquisición de estas habilidades y capacidades. Vuelve a leer desde «Pero atento», hazte el favor.

Sí. Otra vez el juego. Porque jugar es connatural a todo el reino animal, y sobre todo en nuestra especie. El juego surge de manera absolutamente espontánea en cualquiera de estas fases si existe una mínima posibilidad para ello. Es una actividad física, sí, pero también es simbólica, esto es: está cargada de significación y representación, que se convierte en una posibilidad de encuentro con nuestra realidad, con las cosas que la componen y entre los que la comparten, los otros y nosotros mismos.

> El juego, entonces, contribuye directamente a la estimulación de todos los aspectos de nuestro crecimiento y desarrollo: biológico, psicomotor, intelectual, socioafectivo y el desarrollo del lenguaje.
>
> Dra. Verónica Martínez López

No sé, realmente, de qué nos sorprendemos cuando nos dicen que los problemas relacionados con la psicomotricidad están aumentando si partimos de la premisa de que los niños rara vez juegan con sus amigos en casa, la calle o la escuela, lo que podríamos llamar *juegos reales* frente a los *juegos virtuales*, que se realizan ante una pantalla, sea esta del tamaño que sea, y en soledad. Repito, en soledad, aunque quepa la posibilidad de estar interconectados con otros mil «amigos» igual de solitarios, desde cualquier rincón remoto del mundo.

Es obvio que ningún padre quiere ver a su hijo solo y aburrido, ¿infeliz, quizá?, aunque el aburrimiento sea la madre de la creatividad, pero se nos olvidó y ahora es algo malo y oscuro. A esto se suma el sentimiento de culpa que puede aparecer por la sensación de «abandono» de nuestra responsabilidad de educadores, ya que no estamos en casa para atenderlos, pues el trabajo es la actividad que más tiempo nos absorbe. Así que, bajo las premisas de un sistema económico que une milagrosamente los conceptos de *problema* y *solución* con el consumo, los dispositivos electrónicos, como analgésicos de rápida absorción para nuestro penar como «malos padres», son una solución inmediata y aparentemente satisfactoria.

«¡Los niños pueden estar en casa seguros y sin aburrirse, juegan, se distraen y se relacionan con sus amiguitos de otros países! ¡Qué importa que no jueguen con los vecinos en la calle si tienen estas máquinas y pantallas maravillosas, ya las hubiera querido yo a su edad!».

Claro que encontrar satisfacción en esta aparente solución requiere que tires a la basura todo lo que ya has leído hasta ahora en estas páginas, y lo mucho que te queda aún por leer si es que te atreves a seguir. Porque es obvio, contestando a una pregunta anterior, que como especie no hemos evolucionado al mismo ritmo que las circunstancias actuales, y por muy digitalizado que sea este mundo moderno e hiperconectado, nuestro *software* sigue siendo tan dependiente de nuestro *hardware* analógico hoy como hace 200 000 años y estamos aún muy lejos de una actualización 2.0. No tenemos capacidad suficiente para diferenciar entre el mundo real y el virtual, que por definición es tan solo apariencia y no realidad: que parece lo que no es, aunque tenga la capacidad de producir un efecto real en nosotros.

> «En el pasado, los adolescentes formaban sus propios juicios en base a cómo respondían las personas de su alrededor, pero cuando se trata de *likes* no hay ambigüedad», dice Lauren Sherman, autora de un estudio de la UCLA que analiza cómo los *likes* influyen directamente en los adolescentes al «sobreactivar» el área cerebral relacionada con el procesamiento de recompensas, la imitación y la atención.

¿Aún no? Espera que aquí te lo dejo con peras y manzanas.

> Según un estudio realizado por la UCLA los «me gusta» de Instagram producen el mismo efecto que la masturbación, consumir chocolate o ganar dinero [...] Según declara Sherman, mientras los jóvenes ven fotos suyas con más «dedos arriba», varias regiones de su cerebro se amplían. Lo que se activa en especial es el núcleo accumbens, el cual se conoce por ser el sistema de recompensa del cerebro, es decir, el que se encarga del placer.

Así que tú sabrás, pero desde ahora recuerda que el juego —el real y no el virtual— no es algo frívolo y sin más fin que el divertirse de los niños o el perder el tiempo y, si aún te faltan argumentos, te apunto aquí algo para que puedas seguir pensando en este asunto:

> El juego está incrustado en la biología de las especies, incluso en el cerebro. El juego, como gran parte de la psicología de los animales, incluidas las emociones, las motivaciones, las percepciones y el intelecto, es parte de su historia evolutiva y no solo un comportamiento aleatorio y sin sentido.

No te he convencido aún, ¿verdad? Tienes dudas porque has escuchado muchas veces cómo se demoniza a las nuevas tecnologías y quizá sea un linchamiento desmedido, ¿no? Además, es una industria muy fuerte que mueve miles de millones de dólares al año, y no faltan también especialistas que afirman que el consumo de ciertos videojuegos y aparatos tecnológicos ayudan al desarrollo de otras habilidades intelectuales importantes y su uso ayuda a que los niños no sean... ¿cómo se dice?, *analfabetos digitales*. No te olvides de este párrafo, dobla si quieres la esquina de esta hoja, porque te adelanto que antes de que acabe esta primera parte tendremos que volver sobre estas líneas.

Pero si alguna vez has sentido que eso de evitar el analfabetismo digital es una cosa importante y necesaria, y alguna vez has usado este argumento para defender el uso de las pantallas desde temprana edad, deja que te diga que saber conducir un coche no te hace ingeniero automotriz y que la *interface* de cualquier soporte digital se hace para que tontos de babas lo puedan usar aun sin saber contar del uno al 10 con los dedos de las manos. Que no es lo mismo descargar e instalar una *app* en un teléfono inteligente que ser un ingeniero en sistemas. Tampoco que cualquier persona que sepa escribir y leer a un nivel básico puede usar muy solventemente el Word, navegar en internet o abrirse un perfil en cualquier red social con un ratito de atención que le eche, porque para eso han sido diseñados. ¿O te crees muy hábil por saber pasar el antivirus a tu computadora? Facilitar y universalizar el uso de estas tecnologías es, en gran medida, parte de su éxito de implantación, por eso cualquiera puede usarlas; otra cosa es entender cómo funcionan y cuál es su fin último, pero esto, desengáñate, ni tú ni yo lo sabemos a ciencia cierta... por ahora.

Recapitulando: Hablar de que el jugar en los niños, en su modo más tradicional, pone en relación las emociones, la motivación que invita a la acción, posibilita la percepción que tenemos de las cosas del mundo, lo otro y los otros y que lanza el intelecto no es cosa menor. De hecho, si lo piensas bien estamos hablando, por ejemplo, de nada más y nada menos que de la posibilidad de aprender. Así que el juego es, amén de muchas más cosas, posibilidad de aprendizaje, de conocer... Ni te imaginas si sigo encadenando palabras hasta dónde puedo llegar.

Presta atención, ya verás.

Si no se relaciona no aprende

Muy rara vez los problemas se presentan de manera lineal, unidireccional o unívoca, y aún menos cuando hablamos de aquellas cuestiones que nos atañen como especie. Nuestra complejidad es fruto de lo que somos; un animal que se distingue de otros, entre muchas otras cosas, por criarse y desarrollarse rodeados de sus congéneres, de su clan y que, de no ser así, como ya sabes, jamás habría podido evolucionar y dejar de ser un animal salvaje y bastante cutre, por cierto.

Por todo lo dicho, la psicomotricidad no es entonces una simple palabreja compuesta, sino que nos permite interactuar con el mundo que nos rodea y facilita tanto el conocimiento de este como nuestro papel en él, e igual de importante que todo lo anterior, brinda el espacio de posibilidades para nuestra interacción con los otros animales humanos con los que estamos condenados y bendecidos a convivir. Nada más y nada menos.

Sígueme.

Si los niños ya no juegan, no solo estamos hipotecando el futuro de nuestra especie en cuanto a la salud física se refiere, eso ya lo hemos visto. También nos estamos privando como especie del marco óptimo para el correcto desarrollo de nuestras habilidades psicomotoras. Y como los problemas en el animal humano nunca vienen solos, porque somos un *animal político*,[12] si dificultamos el desenvolvimiento y la relación con los miembros inmediatos de nuestro clan, calle, barrio o como lo quieras llamar, lo que estamos promoviendo, sin saberlo, es la imposibilidad de la actualización de nuestras habilidades sociales.

Sí, ahora toca hablar de habilidades sociales.

Porque en potencia, las habilidades sociales están ahí por el simple hecho de haber nacido del vientre de otro animal humano, tu madre en este caso. Pero, claro, en potencia un roble centenario puede ser una mesa, unas sillas, una tabla para cortar quesos o lo que un buen carpintero pueda imaginarse; aunque, en la práctica, este roble majestuoso sin la acción de la mano del hombre nunca será más que un buen proveedor de sombra para quien busque su resguardo en verano o, simplemente, combustible para las llamas en un incendio forestal provocado por un relámpago o un imbécil.

Sin la posibilidad de interacción física entre nosotros, y aun habiendo podido desarrollar una psicomotricidad muy básica mediante juegos con una mascota o un robot (sé que esto pude sonar muy estúpido, pero tiempo al tiempo), no tiene sentido alguno que hablemos de adquisición de las mentadas habilidades sociales. Igual que sin oxígeno es ridículo hablar de diferentes tipos de respiración. Esto es, si no podemos establecer un vínculo de conocimiento entre

12 Imposible hablar del animal humano sin sacar a colación la definición aristotélica de hombre, mucho me había tardado ya.

nuestro entorno y nosotros mismos, porque no existe un nosotros con quien jugar, sino solo un yo aislado, ¿cómo podremos aprender a relacionarnos con los demás?, ¿cómo aprenderemos a aprender? ¿No lo ves aún?

> Nadie es capaz de descubrir en solitario qué es lo verdadero o qué es lo conveniente sino que necesita entrar en diálogo con otros para ir descubriéndolo conjuntamente.
>
> Adela Cortina

El hombre es un *animal político*, sí, pero solo en potencia, y en soledad no se puede actualizar esta potencialidad que tanto nos diferencia de los otros animales.

Cuando hablamos de habilidades sociales no nos han de faltar definiciones y largas listas de lo que se supone que son las mismas, *ad nauseam*. Cada escuela psicológica desarrolló las suyas y primó una categorización sobre otras, después se expandió en prolíficos desarrollos de teorías pedagógicas, sociológicas, antropológicas o políticas, hasta el punto de no saber ya quién fue el primero en postular qué, ni en qué orden colocarlos.

Por eso, y sabiendo que muchos pondrán el grito en el cielo, intentaré tan solo bosquejar una definición mínima y exponer algunos ejemplos sucintos para que sepas de qué te estoy hablando, pues no es esto en sí lo que más me interesa ahora, sino más bien cómo se adquieren las muchas habilidades sociales que precisamos para poder llegar a ser animales humanos completos.

Las habilidades sociales son, simplificando mucho, un conjunto de conductas que han de ser comunes para que podamos relacionarnos de manera satisfactoria. Y aunque las podríamos categorizar y compartimentar en anaqueles muy diversos, debes entender que cuando hablamos de empatizar;[13] dialogar; pedir y brindar ayuda; dar las gracias o disculparnos; convencer a los demás o seguir las instrucciones que nos dan; opinar y saber escuchar; reconocer nuestros sentimientos y expresarlos; afrontar el miedo, la vergüenza o la cólera; defender a un amigo; no entrar en peleas y establecer objetivos; tomar decisiones; reponernos a un fracaso, y mil acciones más, no estamos hablando de otra cosa más que de habilidades sociales. Son todo ese bagaje de acciones que, bien asentadas y en conjunción con todo aquello que nos es contingente,[14] dan sentido y alivio a nuestra vida.

Pero realmente, y retomo mi intención primera en este tema, lo que me interesa que sepas sobre las habilidades sociales es cómo y cuándo las desarrollamos, o, como diría Aristóteles, cuándo y cómo actualizamos esta potencialidad del *animal político*. Para que lo puedas ver de un vistazo te dejo este cuadrito de la psicóloga experta en aprendizaje e inteligencia emocional, la doctora Ana Peinado de la Universidad de Murcia:

---

13 *Empatía* viene de las palabras griegas *en*, que se puede traducir como «dentro», y *pathos*, como «dolor o padecimiento». Hoy se entiende como «ponerse en el dolor del otro», y hasta bien avanzado el siglo XX no empezó a tomarse en serio este concepto, pues esta capacidad empática era tomada como alguna suerte mística o arcana igual que la telepatía.

14 Lamento usar esta palabra, pero no está mal que la vayas conociendo. En filosofía la usamos para referirnos a lo que no es imposible (que suceda) pero tampoco necesario (que ocurra). No es imposible que ahora mismo te dé un infarto, pero afortunadamente para ti, tampoco hay una necesidad ni está escrito en ninguna parte que te tenga que dar... por lo menos ahora...

Años	DESARROLLO DE HABILIDADES SOCIALES
3	• Inicia el juego con otros. • Responde al contacto social.
4	• Escoge a sus amigos. • Describe sentimientos.
5	• Juegos competitivos. • Distingue conductas aceptables.
6	• Actúa como líder. • Pide ayuda al adulto.
7	• Receptivo a la influencia de los demás. • Los refuerzos sociales son importantes.
8	• Empieza a ceder a las influencias del grupo (dominancia / sumisión).
9	• Empieza a preocuparse por ser popular.

Como bien puedes ver, nuevamente, el principal ámbito de socialización y a la vez posibilitador del desarrollo de las habilidades sociales del animal humano es el juego, pero no el juego solitario enganchado a las nuevas tecnologías de la información y la comunicación. El juego no ante una tableta, un teléfono o cualquier otra pantalla; eso puede suceder en un momento puntual y concreto, pero jamás debería ser la cotidianidad, como ahora está ocurriendo en demasiados casos, o como la cuarentena pandémica[15] parece que nos orilló a aceptar sin más. Para actualizar nuestras habilidades sociales, el acto de jugar, obviamente, debe ser entre noso-

15 Obviamente me estoy refiriendo a la pandemia mundial producida por COVID-19.

tros y otros animales humanos y en un plano físico y real, tampoco limitado a unos cuantos minutos diarios algún día especial de la semana. Repito: una hora diaria no es suficiente.

Y ahora imagina qué nos sucede cuando empezamos a cercenar la actualización de estas habilidades sociales, cuando algo nos impide su correcto desarrollo, cuando perdemos la oportunidad de observación, imitación y ensayo, cuando nos aislamos o nos aíslan. Como te decía, nacemos con la posibilidad de adquirirlas, sí, pero esto requiere un aprendizaje, una aprehensión activa.

Es más que obvio, pues de esto trata este capítulo, que lo primero que se resentirá será la calidad e idoneidad de nuestra capacidad para relacionarnos y comunicarnos con los demás, de ser empáticos, de completarnos como animales políticos, y sin esto, sin estas habilidades, conocernos a nosotros mismos se convierte también en una tarea titánica. Entender que a veces también sufrimos nos permite reconocer el sufrimiento en los demás y viceversa, y esto a su vez nos permite asumir y superar también lo que a nosotros nos pasa, porque solo no puedo poner nombre a las cosas que me suceden, sino hasta que las descubro en los demás, y así aprendo y crezco. Nuestro autoconocimiento, por tanto, quedará también limitado y, por ende, mermará nuestro autocontrol emocional, nos hará vulnerables, retraídos, débiles, irascibles o inestables. Te suena, ¿verdad?

Permíteme un momento, antes de perder tu atención, pero creo que merece mucho la pena darte algunas cifras sobre qué está sucediendo ahora mismo en la Ciudad de México, ejemplo paradigmático y avanzadilla de un problema que afectará a todas las ciudades del mundo a medida que en ellas siga aumentando sin cesar la población, la desconfianza entre sus habitantes y su consecuente deshumanización.

El 6% de los niños de entre tres y seis años de la gran Ciudad de México ya padece depresión, y a medida que su edad aumenta, el maldito dato también lo hace, pues 20% de los jóvenes de entre ocho y 17 años ya muestra síntomas de este padecimiento. Según el Instituto Nacional de Salud Pública, en toda la República Mexicana, desde 1970 al año 2007, el porcentaje de suicidios juveniles aumentó 275% y por cada fallecido existen otros 20 que lo han intentado; de hecho, hoy es la segunda causa de muerte entre los jóvenes mexicanos. Todos estos datos son anteriores a la cuarentena por COVID-19. ¿Te imaginas cómo habrán aumentado estos datos tras meses de encierro y aislamiento social obligado? No te esfuerces, te dejo algunas cifras que la Universidad Nacional Autónoma de México publicó sobre la salud mental de su alumnado.

EMA (EXAMEN MÉDICO AUTOMATIZADO)		
Antes de la crisis sanitaria por COVID-19		
(CESD):* Depresión 15.63%	Bachillerato 14.86%	Universidad 16.43%
	hombres 10.38%	hombres 13%
	mujeres 19.09%	mujeres 19.37%
Después de la crisis sanitaria por COVID-19		
(CESD):* Depresión 25.1%	Bachillerato 18.4%	Universidad 30.7%
	hombres 11.7%	hombres 23.5%
	mujeres 24.8%	mujeres 37.1%

* Escala de Depresión del Centro de Estudios Epidemiológicos.

¿Has visto bien el cuadro?

Y no creas que por no vivir en México te vas a librar; en Estados Unidos el número de niños y adolescentes hospitalizados con pensamientos o acciones suicidas se ha duplicado en la última década; en Argentina la tasa de suicidios adolescentes supera ya a la de muertes por homicidio, y cada 40 segundos, según la Organización Mundial de la Salud, alguien se quita la vida en el mundo. Por estadística, si aún no conoces a alguien que se suicidó, no estás libre de hacerlo más pronto que tarde.

Si no se relaciona tampoco descubre

A mi abuelo Antonio le encantaba la poesía, las verdades escondidas entre los versos y el sonido de las palabras medidas, siempre con aires de mi tierra, por supuesto, como las de Lorca o Machado y de ser posible en forma de coplas flamencas, de esas que pasaban antes fácilmente de boca en boca y ahora están casi olvidadas.

Una de aquellas coplas maravillosas cargada de significación, y que mi abuelo, ya mayor, nunca pudo cantarme, porque le temblaba demasiado la voz, pero sí pudo recitarme, decía:

No preguntes por saber,
que el tiempo te lo dirá;
que no hay cosa más bonita
que el saber sin preguntar.[16]

---

16 Si tienes curiosidad y quieres saber cómo suena esta copla cantada como una soleá, encontrarás una versión en internet grabada en 1930 cantada por Isabelita de Jerez acompañada por Manolo de Badajoz a la guitarra.

Cada vez que mi abuelo me recitaba estos versos en un perfecto andaluz y levantando el dedo índice de la mano derecha, me frustraba muchísimo. ¿Cómo no iba a preguntar para saber? ¿Cómo que debía esperar? ¿Cómo que era bonito quedarme con la duda? ¿Qué demonios había detrás de eso de que se puede saber sin preguntar? Era demasiado obvio hasta para un niño, ¡observando también se aprende! Pero mi abuelo lo repetía cuando yo necesitaba alguna respuesta concreta, clara, distinta, y me hacía dudar...

Y es que esta copla encierra un conocimiento arcano y sabio sobre el paso del tiempo y la adquisición de experiencias, que difícilmente un niño como yo podía entender entonces; lejos claro está del simple significado literal de las palabras.

Permíteme que te hable de algunos momentos de mi infancia, quizá no muy distinta a la tuya, que hoy dan pleno sentido a esta maravillosa e intrigante copla flamenca.

En mi barrio de San Diego, en Sevilla, donde me crie, los niños de los bloques 32 y 33 jugábamos en la calle todos juntos. Se hacían grupos por edades, afinidad futbolística, musical y cosas así, pero todos nos conocíamos y jugábamos y nos peleábamos por igual día con día. Adolfo era un chico algo tímido del 33, pero una buena y noble persona. Todos conocíamos a su familia, a sus padres, su hermana y su hermano pequeño. Sin darnos cuenta su padre enfermó y desmejoró rápidamente; falleció en muy pocos meses de una complicación hepática. Todos los niños nos sobrecogimos cuando vimos salir el féretro por la puerta del edificio. Aquel hombre trabajador y cariñoso fue la primera de muchas personas que conocí y que después morirían. Y tal como yo lo viví, también lo hicieron muchos otros niños que gozábamos de nuestros abuelos, padres, tíos, primos y amigos sin plantearnos siquiera, hasta ese preciso momento, que algún día todos estaban destinados a desaparecer, si teníamos suerte, antes que nosotros mismos. Así fue como descubrí que las personas desaparecen en algún momento, y que jamás regresan.

Los edificios donde vivíamos eran básicamente iguales, torres de concreto armado de color marrón de ocho a 12 plantas de alto con cuatro departamentos en cada una. Pero al jugar todos con todos se hacía normal entrar en la casa de los amigos, y cada departamento se percibía diametralmente distinto al siguiente. Todo cambiaba y era normal que en cada uno prevaleciera un olor diferente, una luz diferente. Algunas paredes no estaban o había tabiques de más; los televisores, sofás y mesas eran cada uno de su padre y de su madre, y resultaba imposible encontrarte dos hogares iguales. Igual que era imposible encontrar dos familias idénticas. En una había muchos hijos, en otras solo uno, unos tenían perros o gatos, otras peceras o un hámster. Unos eran de la ciudad desde hacía generaciones, otros eran de fuera o parejas mixtas. Como en el segundo «C», donde la madre era portuguesa, o en el octavo «A», ellos venían de Madrid y apenas compartían tiempo con los demás. La abuela de Raúl, del séptimo «B», siempre le hacía la comida y era una mujer encantadora de pelo blanco que seguro inspiró a alguna de esas hadas mágicas de Disney. Y Amparo, del segundo «B», era lo mismo, pero en gruñona y mal encarada, y nos reñía a todos los niños, no sin razón, y por eso le llamábamos la Nitro, porque explotaba con el movimiento. Y aun así, hoy la recuerdo con cariño.

En unas casas siempre se escuchaba música; en otras, gritos de vez en cuando. Unos tenían miles de juguetes, como Manolete del sexto «B»; otros, el salón vacío, sin más adornos que un bonito papel pintado, de una punta a la otra, donde podíamos pasar las tardes jugando cuando llovía, sin miedo de romper nada. Jugar, jugar y socializar. Esto me permitió conocer y descubrir otras realidades, otras formas de vida, pared con pared de nuestra casa, donde se vivía diferente. En el 33, y no exenta de críticas que no entendía, había una familia formada por una mujer y su hija. También en el mismo edificio vivían dos hermanos solos, mientras que mi vecina María y su marido tenían cinco hijos, y todos se metían a convivir con sus novios y novias en menos de 100 m^2. También tenían una perrita de color crema. El hermano mayor de Jorge tenía, y aún tiene, muy buen gusto musical; le encantaba el *heavy metal* y allí en la habitación que compartían me encerraba con Jorge a escuchar los discos de su hermano, cuando no estaba, obviamente.

Es muy posible que algunos de los padres de tus amigos, vecinos todos, no fueran del agrado de los tuyos, pero jugar era jugar, y a pesar de los recelos familiares, parecía que estas preferencias eran algo secundario a la hora de permitirnos pasar tiempo juntos. Claro que hay de familias a familias y de casas a casas; no sé cuál te tocó a ti. Y aunque nunca estaba uno libre del interrogatorio de los padres sobre qué habías hecho en esa casa, cómo te habían tratado o si te habían dado de comer o beber, esto nunca impidió que no pudiera volver a jugar en casa de Paco, Raúl, Manolete o José Carlos, o cualquiera de los muchos hogares que siempre estaban abiertos al juego de los niños entre el bloque 32 y 33.

Relacionarnos con los demás era descubrir otras realidades que, con la puerta cerrada, nunca hubiera sido posible. Descubrir que la madre de Paco, a pesar de comprar el mismo pan que tu madre, la misma mortadela con aceitunas y la misma mantequilla, hacía mejor los bocadillos, era un problema. Porque tu madre te iba a preguntar al llegar a casa y sabías que debías decirle la verdad, que el bocadillo de Mariló estaba más rico que el que ella te hacía... Pero claro, esto tendría un coste de por vida y siempre que no te gustara algo de su cocina te diría: «Si no te gusta, que te haga de comer la madre de Paco, ¡eso es lo que hay!». Así, aprendías el significado de las mentiras piadosas y te curabas en salud con un pequeño embuste, igual que si te ibas a jugar demasiado lejos, o con fuego, a pesar de que todos los niños apestaran a hoguera de tablas viejas y húmedas.

¿Entiendes ahora la copla de «No preguntes por saber...»? Yo y muchos de los niños de aquel entonces lo hemos entendido hace poco, aunque ya descubriéramos el significado literal desde entonces. Espero, de todo corazón, que tú también lo hicieras a tu modo, y si no, aún puede que estés a tiempo. Piénsalo.

Volvemos al *rock'n'roll*, así que no te relajes demasiado.

Si no descubre no piensa, o piensa poco y mal

> Porque el arte de pensar críticamente se reduce a conocer las circunstancias que nos rodean tanto a nosotros como a los demás y saber interpretar adecuadamente el contexto.
>
> José Carlos Ruiz

«Pensar pensamos todos», estarás diciendo para ti ahora mismo. Y no ha de faltarte razón, de nuevo. Pero patadas las podemos dar todos en un momento dado también, y más si contamos con la motivación suficiente. Pero este hecho mecánico de lanzar patadas no es justificación suficiente para que te fichen en un equipo de futbol profesional y cobres varios millones de euros por temporada, a menos que sepas exactamente lo que haces, seas muy bueno usando los pies y lleves muchos años entrenando duro y sin descanso.

Esto es, pensar pensamos todos, todos los que tenemos un cerebro suficientemente desarrollado para hacerlo, como las vacas, los perros, los pulpos, los delfines, los elefantes y hasta tú. Pero pensar de manera crítica y autónoma ya es algo que, por ahora, solo está al alcance del animal humano, aunque pocos de ellos sean los que se preocupen por hacerlo bien, aunque rebuznen lo contrario.

Cada vez que nos acercamos a la familia de conceptos, o campo semántico, que enmarca a lo que llamamos *pensamiento crítico y autónomo*, los filósofos, científicos, politólogos y otros divulgadores del pensamiento, solemos llevarnos la mano al mentón gravemente para intentar dar una explicación que convenza más o menos a todos, pero con la que jamás estamos muy seguros de conseguirlo. Aunque a esto nos dediquemos los filósofos desde la Grecia clásica hasta las posteriores edades de la historia de los hombres, a la hora de definirlo siempre nos cuesta mucho hincarle el diente a qué es exactamente eso del pensamiento crítico, y acabamos tirando del anecdotario común a nuestra profesión, como cuando San Agustín era interrogado sobre qué cosa era el tiempo, a lo que él contestaba que si nadie se lo preguntaba, lo sabía, pero si quería explicárselo al que le preguntaba, entonces no lo sabía. ¡Qué simpático!, ¿verdad?

Solemos definir, a veces, al pensamiento crítico según sus cualidades, como aquel modo de pensar que permite al sujeto pensante distanciarse de una creencia general infundada poniéndola en cuestión o negándola. O también lo podemos definir según su propia arquitectura, ya que será considerado pensamiento crítico aquel que esté estructurado de tal manera sobre la experiencia, el análisis riguroso y la reflexión, que permita inferir un conocimiento presumiblemente cierto. Pero la definición de mi colega y amigo José Carlos Ruiz, acertada y bien hilada, que encabeza este capítulo, nos deja una puerta abierta invaluable para seguir hilvanando las ideas ya desarrolladas previamente en este texto.

Y es que si seguimos su definición a pie juntillas, nos daremos cuenta de que nada de lo que en ella dice es posible si los niños ya no juegan.

> Conocer las circunstancias que nos rodean tanto a nosotros como a los demás y saber interpretar adecuadamente el contexto.
>
> José Carlos Ruiz

¿Cómo es esto posible, si el animal humano que estamos retratando no ha podido desarrollar convenientemente su psicomotricidad, la que le habría de permitir esa relación con su entorno y con él mismo, y potenciar así sus habilidades sociales, aquellas que le permitirían interpretar adecuadamente, *a posteriori*, el contexto en el que se encuentra para poder llegar a especular con acierto, *a priori*,[17] sobre lo que podría llegar suceder? ¡Toma ya!

Resumiendo: pensar pensamos todos, es cierto. Pero el pensamiento crítico y autónomo, ese que nos permite entender el mundo desde su *complejidad*, y no como algo plano y unidimensional, ese para el que todos nacemos con la potencialidad necesaria para su desarrollo, precisa de las habilidades sociales para actualizarse y desarrollarse en el sujeto. También, mediante el ensayo y error social, el pensamiento crítico será capaz de aprehender y entender las dis-

---

17 Ambas expresiones latinas denotan la adquisición de un conocimiento dependiente (*a posteriori*) o independiente (*a priori*) de la experiencia. Por lo tanto, un juicio *a posteriori* es el que nos permite conocer y entender qué pasó tras una experiencia y el juicio *a priori* adelantarnos a qué sucederá antes de tener que experimentarlo. Si esto te interesa, lee a Kant, ¡pero bajo tu cuenta y riesgo!

tintas realidades que lo rodean y componen, para así darle la justa interpretación contextual que cada momento merece, tanto para entenderse y encontrarse él mismo como a los demás.

Nos ufanamos de que cada una de las nuevas generaciones, a las que llamamos *millennials*, *nativos digitales* o *generación* Y o Z (ya casi que da igual el nombre con el que las bauticemos, pues todas las semanas sale uno nuevo), es la generación mejor formada de la historia y la que, además, pareciera tener como habilidad consustancial a su nacimiento el acceso inmediato a cualquier información que pudiera precisar a un pulso digital. En gran medida, ellos mismos se ven así, porque a fuerza de repetir a un niño feo, o poco agraciado, lo hermoso y maravilloso que es desde su nacimiento hasta su emancipación del hogar a los 35 años, si bien le va, unos padres miopes pueden llegar a crear un Narciso idiotizado de sí mismo de categoría *premium*. No me digas que no conoces a nadie así.

Este fenómeno tan particular hizo creer a más de medio mundo ser clase media sin serlo, como quizá tú bien te crees serlo ahora, pero eso será luego...

Y es que, perdona que me repita, pero, pensar pensamos todos, aunque lo que realmente debe distanciarnos de las vacas no es solo andar en posición bípeda, o no cagar mientras comemos. También debe distanciarnos cómo esta capacidad de pensar, de la que tanto nos vanagloriamos, nos posibilita librarnos de tener que emular de forma instintiva todo lo que nuestros congéneres se empeñan en repetir cerrilmente y cuestionarnos a nosotros mismos y a nuestro contexto sobre el qué, el cómo y los porqués, con esas herramientas necesarias que previamente debimos desarrollar para ese ejercicio tan recomendable al que llamamos pensamiento crítico y autónomo.

Según datos del año 2015, 89% de los jóvenes nativos digitales de los países desarrollados se sentía muy seguro de su capacidad para encontrar información relevante en internet, porque así se lo hemos hecho creer a fuerza de repetirles lo maravillosos e inteligentes que son. Sin embargo, y aquí viene la patada voladora, tan solo 2% de estas lumbreras de la evolución tecnológica usaba habilidades del pensamiento crítico para buscar esta información relevante en línea.[18] Para que lo entiendas, por si eso de *relevante* no te queda del todo claro: a 98 de cada 100 jóvenes nativos digitales de países desarrollados se les puede engañar con facilidad, pues no saben diferenciar una información plausiblemente cierta de los bulos, estafas o *fakenews* cuando navegan por internet.

Y esto último, navegar por internet, en el caso de México, sumaba ocho horas y 20 minutos diarios antes de la pandemia. ¿Te imaginas qué se puede lograr con una población tan fácil de engañar, extorsionar y manipular, que pasa más de ocho horas al día en internet y, en concreto, enganchada en su mayoría a las redes sociales que están especialmente diseñadas con el único fin de conseguir que sus usuarios pasen la mayor cantidad de tiempo posible en ellas?[19] No hace falta que te cuente otra vez cómo funcionan las

---

[18] Sé que este dato ya tiene su tiempo, y cuando lo leas aún tendrá más, pero no se ha vuelto a hacer un estudio de estas características hasta la fecha. Hay algunos muy locales como en Colombia o España, y los resultados, aunque no tan alarmantes, tampoco son mucho más halagüeños. ¿No me crees? ¡Búscalos!

[19] De los 70 millones de internautas que había en México en 2017, 95% tenía un perfil en Facebook, aproximadamente 66.5 millones, aunque de forma paradójica el número de perfiles arraigados en México pocos meses después en esta red social eran 83 millones, ocupando el quinto puesto mundial de participación, por debajo de India, Estados Unidos, Brasil e Indonesia, según el portal Hootsuite.

redes sociales, ¿verdad?[20] Piensa un poco sobre esto cada vez que veas a tu hijo con el teléfono o la tableta en la mano, en vez de estar jugando en la calle con esos amigos que no tiene.

Pero me dirás que no estás de acuerdo conmigo, que tus hijos sí que juegan, aunque quizá no en la calle, ni con los hijos de los vecinos, quizá con algún hermano o hermana en casa, o quizá con ese primo que los visita cada 15 días. Y que en la escuela te consta que sí lo hacen durante los recreos, o en las horas de educación física o cuando falta algún profesor, o si no es así, en las muchas actividades extraescolares en las que los tienes apuntados, como karate o natación y demás cosas que son superútiles para su formación, como bien has leído en internet, si es que eres de los afortunados que pueden pagarlas.

Pero jugar es un hábito que, si no se fomenta desde temprana edad y de manera cotidiana, difícilmente se hará en los pocos huecos libres de los recreos escolares. Menos aún logrará la trascendencia necesaria y los resultados ya expuestos, y no te engañes, pues en el mejor de los casos tu hijo tendrá un par de horas semanales de educación física, si es que tiene suerte. Y sí, la práctica deportiva extraescolar es una actividad maravillosa y muy saludable, pero también se reducirá a unas pocas horas semanales y, en muchos casos, con compañeros desconocidos y que difícilmente se llegan a volver a ver durante el resto de la semana.

Jugar en la calle siempre ha sido gratis. Repito: gratis. Y aunque se pueda llegar a hacer solo, se requiere, para disfrutar plenamente

20 En *Filosofía para desconfiados* tienes varios capítulos especialmente dedicados a las redes sociales y más en específico a Facebook.

de sus beneficios, la interacción con otros niños y niñas durante horas, días, semanas, meses y años. Claro que para llegar a esta conclusión tendrás que hacer un esfuerzo, no el de creerme ciegamente, sino el de cuestionar tu propia realidad.

Eso sí, no hagas trampas, no les preguntes a los niños que tengas más cercanos si juegan, porque todos te dirán que sí y que son dichosos cuando lo hacen, aunque tan solo sean 30 minutos al día, una vez a la semana. Aquí la cuestión fundamental del juego, recuérdalo bien, no es primar la calidad sobre la cantidad, que seguro también lo has pensado, sino entender que el mejor resultado será el sumando de la mayor cantidad y calidad de este en todo momento. Pero ¿qué podrán decirte los niños si no pueden comparar, ni remotamente, lo que ellos hacen con lo que hacías tú y los de tu generación cuando tenían su edad? (Recuerda la hoja con la esquina doblada de más atrás). ¿Será verdad que por tener más cosas con botones y pantallas, o un mayor acceso a una información que no saben diferenciar si es cierta o no, los niños de hoy en día están desarrollando más sus «inteligencias»[21] que lo que lo hicimos nosotros jugando incansablemente en la calle con los hijos de nuestros vecinos? ¿Esta *orgía digital* es la mejor solución que se nos ocurre? ¿Sabías que, según las investigaciones del neurocientífico Michel Desmurget, director de Investigación en el Instituto Nacional de

21 Desde que el psicólogo estadounidense Howard Gardner propusiera hace ya algunos años la teoría de las inteligencias múltiples, fijando estas en ocho tipos de inteligencias que se pueden desarrollar en menor o mayor medida según los factores biológicos, los hechos acaecidos en la vida personal y los factores históricos y culturales, la lista de «inteligencias» ha llegado a aumentar a 12 y seguro que los próximos años no dejará de hacerlo, según sea el interés de cada observador, estudioso, investigador o estafador.

la Salud y la Investigación Médica de Francia, es precisamente esta generación de *nativos digitales* la primera de la historia con un coeficiente intelectual más bajo que el de sus propios padres?

> Simplemente no hay excusa para lo que estamos haciendo a nuestros hijos y cómo estamos poniendo en peligro su futuro y desarrollo [...] Los principales fundamentos de nuestra inteligencia se ven afectados: el lenguaje, la concentración, la memoria, la cultura (definida como un corpus de conocimiento que nos ayuda a organizar y comprender el mundo). En última instancia, estos impactos (que producen los medios digitales) conducen a una caída significativa en el rendimiento académico.

A esta caída del IQ mundial aún no se le ha puesto nombre, pero debes saber que acaba de hacer añicos una de las esperanzas mejor fundamentadas de finales del siglo XX, la que afirmaba que al ser cada generación más inteligente que la anterior podrían los jóvenes encontrar soluciones novedosas y determinantes para los problemas heredados de sus antecesores.

A este aumento constante del IQ generacional se le llamó *efecto Flynn*, un fenómeno estadístico descrito por James Robert Flynn, un investigador neozelandés poco original a la hora de nombrar cosas, que observó que de 1938 a 1984 los resultados de las distintas pruebas de inteligencia realizadas a jóvenes en el Reino Unido arrojaban una subida constante de 2 a 3 puntos por década. Estos resultados eran extrapolables a otros países del occidente europeo, Estados Unidos, Japón o Corea del Sur. Sin embargo, la realidad se impone y los últimos resultados de las mismas pruebas en países como Noruega, Dinamarca, Australia, Gran Bretaña, Países Bajos,

Suecia, Finlandia, Francia, Alemania o Austria nos escupen a la cara hoy justo lo contrario: que hasta aquí duró el efecto Flynn, que nuestros jóvenes nativos digitales, por más herramientas tecnológicas y pantallas que usen ya no son tan inteligentes como lo son sus padres o sus abuelos, pues fue la generación nacida en los años setenta la que, cuando hicieron sus respectivos test en los noventa, pusieron freno a este asunto, y de ahí en adelante, todo ha ido para abajo...

> Se confirman las sospechas: cada vez tenemos menos coeficiente intelectual [...] Desde la Segunda Guerra Mundial las puntuaciones de coeficiente intelectual (CI) de los jóvenes no habían parado de crecer. Pero ha llegado un momento en que no solo se han estancado, sino que están bajando a gran velocidad. El declive, de al menos 7 puntos por generación, comenzó con los nacidos en 1976, que alcanzaron su edad adulta a mediados de la década de los noventa.

Exacto, se trata de mi generación, una de las últimas en conocer el nombre de los hijos de los vecinos y a qué se dedicaban sus padres, y a la par también, una de las primeras en sentarse ante la televisión y tragarse hasta la carta de ajuste[22] si papá y mamá no lo impedían. Nosotros fuimos los que, sin saberlo, metimos el palo en la rueda. Claro que nuestro consuelo siempre será decir estúpida-

22 La carta de ajuste era una imagen fija que aparecía en la televisión cuando un canal cortaba su emisión, tenía colores y líneas para afinar o «ajustar» los parámetros del televisor (color, contraste, luminosidad, etcétera).

mente que al menos somos tan inteligentes como nuestros padres, y no menos... ¡como nuestros hijos!

Ahora que te he abofeteado con una realidad de la que nadie quisiera ser consciente, y mucho menos responsable, porque que te digan que tus hijos son menos inteligentes que tú o que el tonto de tu vecino no es plato de buen gusto para nadie... Ahora, repito, que sabes de los estragos que hace el no jugar con otros niños en esta realidad donde todos respiramos, sentimos y sufrimos y cómo esto cercena su capacidad de desarrollar un pensamiento crítico y autónomo apto para no ser pasto de los lobos... Ahora, ¿también me dirás que al menos son más felices de lo que pudiste llegar a serlo tú? ¿Acaso ya se te olvidaron las cifras de depresión y suicidio que te he puesto enfrente? ¿Por qué? ¿Porque los tuyos sí son más felices que los demás? ¿Porque tienen cosas que tú ni podías soñar tener? ¿Acaso eso los hace especiales?, ¿mejores? ¿O te estás atreviendo a pensar que es más feliz el cándido, el ingenuo que cuando le señalan la Luna mira al dedo que apunta a lo lejos y no más allá...? No, ni se te ocurra.

Si no aprende a pensar bien, no esperes que sea feliz

Respira. Es muy posible que el título de este capítulo te haga zozobrar en un mar de dudas y ayes, porque el peso que ha llegado a alcanzar la palabra *felicidad* en estos días es tal que, de una forma u otra, todo lo que solemos hacer que tenga alguna trascendencia para nosotros suele estar condicionado por la posibilidad de ser más felices o no.

De hecho, hay quienes ya estamos hastiados; debido a esto acostumbramos a desechar todos estos discursos, artículos, videos de YouTube y TikTok, libros, charlas o supuestas frases atribuidas a Paulo Coelho que contengan implícita o explícita la palabra *felicidad*, como la mayoría de los seres humanos de este planeta se ha autoprogramado para tirar mecánicamente a la basura, y sin prestar la más mínima atención, toda la publicidad que llega a la puerta de casa, a la bandeja de *spam* del correo electrónico o la que recibimos a fuerza en las manos al pasear por las calles más comerciales de nuestra ciudad. ¿Huele a felicidad? ¡A la basura!

Y es que me da la sensación, no sé a ti, de que se nos está induciendo por hartazgo sistemático a esta «mala actitud» de desprecio sobre un tema tan fundamental. Más cuando paseamos curiosos los ojos ante las mesas y estantes de las librerías, o echamos un vistazo a los catálogos de cursos y talleres de cualquier espacio formativo o, incluso, cuando asistimos a congresos y simposios aparentemente serios —como por deformación profesional tantas veces me sucede— y resulta que descubrimos espantados que realmente lo que nos están intentando vender, una y otra vez, sí o sí, es ese nuevo método maravilloso para conseguir alcanzar la felicidad con «acciones trascendentales metafísicas». Con dietas alimenticias inventadas con nombres que evocan con vaguedad a algo científico o folclórico, o con supuestos remedios olvidados ancestrales, o resintonizando «cuánticamente» nuestras constelaciones familiares o reequilibrando nuestras «energías vitales» con todo tipo de agujas, piedras de colores, esencias olorosas carísimas, flores exóticas o músicas que reorientan nuestros «chakras» con el «chi» del universo o todo junto, y mucho más, en un paquete pagadero en cómodas mensualidades sin intereses con tu tarjeta de crédito habitual. Porque nada de esto es gratis, obviamente.

Algunos, como decía, ya pasamos por saciedad y tedio de todo lo que huela mínimamente a esto, y puede ser un error, porque hay cosas escritas de forma muy primorosa y muy bien pensadas sobre la felicidad desde la filosofía más clásica hasta los textos sesudos más modernos. Pero este es un ejemplo más de la absoluta necesidad del pensamiento crítico a la hora de discriminar el raudal de información, o mierda,[23] que nos bombardea diariamente. Quizá

---

23 El término anglosajón *shitstorm* es utilizado como sinónimo de «linchamiento digital», pero creo que también existe un «linchamiento» en positivo, cuando se

no te hayas dado cuenta de este fenómeno hasta ahora, pero sigue abriendo los ojos, a ver hasta dónde llegamos...

Sí, es cierto, no todo el mundo es sensible a esta realidad ni a muchas otras tantas, y es justo esta falta de conciencia la que nos vuelve absolutamente vulnerables, pues como nos recuerda José Carlos Ruiz, el pensamiento crítico necesita, entre otras cosas, del entendimiento del contexto en el que nos desarrollamos, de su complejidad. De no ser así, seremos, como es el caso, aunque lo niegues, tan manipulables como el vecino al que señalamos con el dedo y del que siempre hablamos tan mal.

Desde el famoso anuncio de Marlboro,[24] en el que un *cowboy* moderno cabalgaba entre prados, ríos y caballos salvajes para detener su corcel ante la cámara, encenderse un cigarrillo y reflexionar sobre la libertad, hasta los clásicos de Coca-Cola, que siempre nos invitan a divertirnos compartiendo «la chispa de la vida» con este brebaje carbonatado dulzón y excitante,[25] el juego de la publicidad ha mutado de promover la compra de algo tan solo instrumental y presumiblemente útil al disfrute de lo puramente emocional.

---

bombardea de la misma forma sobre un concepto-producto para conseguir posicionarlo como deseable o, mejor aún, necesario, como está sucediendo con la felicidad. Échale un ojo al libro *En el enjambre* de Byung-Chul Han, publicado por Herder en 2004.

24 Wayne McLaren, el actor de este icónico comercial de cigarros, murió de cáncer de pulmón en 1990. David McLean también fue otros de los vaqueros-machos de Marlboro que, tras sufrir de enfisema pulmonar, falleció de cáncer en 1995, así que a estos cigarros de la cajetilla roja los llamaron *Cowboys Killers* (o asesinos de vaqueros).

25 Cada mexicano consume en promedio por año 163 l de refresco. ¿Recuerdas lo que hablamos de obesidad y diabetes? Jugar es vital, pero alimentarse bien también lo es.

De tal forma, no intentan vendernos un coche por lo bien, seguro y barato que nos puede llevar de un punto a otro. Pretenden vendernos la experiencia emocional de conducirlo con la ventanilla abierta mientas sacamos la mano y la dejamos mecer por el viento. Y claro, como nos conocen tan bien como al contexto en el que vivimos, consiguen vendernos lo que se propongan.

El disfrute de la experiencia y de las emociones placenteras que lleva aparejado el acto de la adquisición del producto es lo que nos están vendiendo, no el uso que hagamos de él, ¡eso es lo de menos!, compra esto para que puedas sentir esto otro.[26] Pero una vez que tu cerebro haya fundido la endorfina, la serotonina, la dopamina y la oxitocina que segregas ante el subidón emocional de la compra, ¿qué? Una vez agotada esta inmediata *felicidad química* que menciona Harari, ¿qué podemos hacer? Pues es fácil. ¡A comprar de nuevo! Porque solo así podremos volver a sentir ese golpe tan chingón, ese sentirnos vivos y capaces de comernos el mundo, porque además nos han dicho, y convencido de ello, que esa sensación es la felicidad. Un impacto, un subidón, de buen rollo que debemos buscar a toda costa, ya sea hipotecando nuestra vida en jornadas laborales interminables, pasando de los que tenemos alrededor o recordando a los demás desde las redes sociales que nosotros no estamos tan jodidos como nuestros vecinos, familiares, compañeros de trabajo o cualquiera que ose cruzarse o pisar nuestra sombra. Y claro, ¿qué harán nuestros hijos? —ojalá te lo estés preguntando ahora—, pues exactamente lo mismo que tú, pero sin la experiencia de que alguna vez esto no fue así.

---

26 Byung-Chul Han escribe: «Las emociones son esencialmente fugaces y más breves que los sentimientos». «La emoción se convierte en medio de producción».

¿Es una tortura esto de la felicidad cuando se entiende así? Creo que sí, José Carlos Ruiz tiene razón cuando lo afirma.

Quizá la posible solución a esta tortura esté justo ante nosotros y no lo queramos ver, porque la adicción bioquímica de nuestro cerebro es un río difícil de encauzar y más desde la premisa de que no queremos hacerlo porque nos encanta darle de comer, mimarlo, cuidarlo, recibir sus coces y quebrantos para, finalmente, ser esclavos de un hedonismo sadomasoquista de lo más animal. Pero ¿y si ese producto del *neuromarketing*[27] *New Age* fuese tan falso como la homeopatía o los horóscopos, y si partiera de una definición errónea de felicidad que, aunque más que satisfactoria en lo inmediato, se nos descubre después demoledora e insostenible a mediano y largo plazo?

> Estamos sometidos a la tiranía del *carpe diem*, del «aprovecha el momento», de tal modo que los modelos de felicidad que ansiamos tienen que ser instantáneos y fáciles de conseguir [...] Tenemos que aprender que la felicidad no es un estado de ánimo instantáneo sino más bien un modo de ser.
>
> José Carlos Ruiz

¿Y si esto es así y la felicidad no es ese momento de euforia que ansiamos vehementemente una y otra vez tan pronto como se acaba, sino un modo de ser? Voy más allá, ¿y si en realidad la felicidad es simplemente una actitud ante la vida?

27 La moda de lo «neuro» se está imponiendo como en los años noventa la de los productos *BIO*, y aún le queda por crecer, no me cabe duda, y es que las conjunciones entre esta palabra y cualquier otra se ha convertido en un nuevo producto del que aún tardaremos algunos años en desencantarnos y desprogramarnos.

Entonces precisaremos, irremisiblemente, de altas dosis de pensamiento crítico para dotar de sentido a la misma vida, para entender todas sus caras y facetas, o acercarnos lo más posible al entendimiento de su complejidad. Esto es, necesitaremos de una herramienta que nos posicione como actores de nuestro mundo, que empodere nuestra voluntad de animales humanos, no como simples entes reactivos al placer o el dolor, sino como parte agente y paciente de lo que nos ha tocado vivir. Como bien nos recordaría Ortega y Gasset: «Yo soy yo y mi circunstancia y si no la salvo a ella no me salvo yo». Pero no te confundas, no todo queda en el albur de las circunstancias, no seamos tan cómodos. *Yo soy yo* es un ejercicio absoluto de autoconciencia, de comprender quién y qué soy desde un pensamiento crítico que me analiza y me da mi lugar en un mundo complejo que estoy obligado a comprender, para dar su lugar a los demás.

Deja ya de señalar vehementemente a las circunstancias como un imposible insalvable, porque te agarrarás a esa *circunstancia impuesta* desde el victimismo más reaccionario diciendo que entonces qué puedes hacer. No, no seas así. Ortega, que sabía de lo muy atractiva que podría ser esa huida hacia delante, te lo deja muy claro:

> Circunstancia y decisión son los dos elementos radicales de los que se compone la vida [...] No somos disparados sobre la existencia como una bala de fusil, cuya trayectoria está absolutamente determinada [...] Ni un solo instante se deja descansar a nuestra actividad de decisión. Inclusive cuando desesperados nos abandonamos a lo que quiera venir, hemos decidido no decidir.
>
> Es, pues, falso decir que en la vida «deciden las circunstancias». Al contrario: las circunstancias son el dilema, siempre

> nuevo, ante el cual tenemos que decidirnos. Pero el que decide es nuestro carácter.

¡Decisión! ¡Tómala ya! Recuerda, la decisión y la elección son la articulación necesaria entre ética y moral, así que el que decide eres tú.[28] Y más concretamente, tu carácter. ¿Esto se pone cada vez más interesante, no te parece? Para mí sí. Y para hablar de *carácter*, deja que te traiga un par de definiciones de esas de la Real Academia Española que vienen tan bien una vez seleccionadas y debidamente presentadas:

> Conjunto de cualidades o circunstancias propias de una cosa, de una persona o de una colectividad, que las distingue, por su modo de ser u obrar, de las demás.

> Señal espiritual que queda en una persona como afecto de un conocimiento o experiencia…

Si no ves en este par de entradas de la RAE la relación con todo lo que llevamos hablado hasta ahora en este ensayo, marca esta página, ve a tomar un vaso de agua, date un paseo y vuelve a abrir el libro dentro de un ratito.

Ambas definiciones son absolutamente complementarias y nos están resumiendo los ejes de todo lo que llevamos hablado desde

28 Sé que es de un impresionante mal gusto autocitarse y esta no es la primera vez que lo hago en este libro, así que llámame como quieras, pero si quieres ahondar en este asunto echa un ojo a mi libro *Ética para desconfiados*.

que empezaste a leer. Fíjate: cualidades, experiencia, conocimiento, circunstancias de una cosa o persona o colectividad, distinguirse de los demás por cómo se actúa o se es. No quiero desmenuzártelo más, eso ya es trabajo tuyo, y lo sabes. Pero no te agobies si aún no te ha caído el veinte,[29] a veces pasa así con este tipo de libros. Si quieres, vuelve atrás unos cuantos capítulos, y si no te apetece hacerlo, no pasa nada y sigue adelante, pero echa un ojo a esta frase de Wittgenstein y prepárate para lo que aún queda.

> Para vivir feliz tengo que estar en concordancia con el mundo.
> Y a esto se llama ser feliz.

Vamos, tenemos que seguir.

---

29 *Caerle a uno el veinte* o *Ya me cayó el veinte* es una expresión mexicana que indica que quien la dijo ya se enteró de algo o se dio cuenta de algo. Su origen se remonta a aquellos teléfonos públicos de monedas, anteriores a la llegada de los móviles y que, para poder establecer conversación con el interlocutor, había que escuchar cómo caía primero una moneda, que debía ser de 20 centavos. Solo así se podía hablar con quien fuera. Aunque parezca una expresión muy local, es más común de lo que piensas y hay variaciones con el mismo origen en otros países de Latinoamérica, como Argentina: *ya me cayó la ficha*; en Inglaterra: *The penny has dropped* (el penique ha caído) o en Alemania *Jetz ist bei mir der Groschen gefallen* (ya me cayeron los centavos).

«Hijos del agobio»[30]

Hace varias páginas hablamos sobre el convencimiento que los gringos tienen acerca de que un alto nivel de confianza interpersonal en la sociedad eleva significativamente los niveles de salud democrática de la nación, merma la corrupción, aumenta los niveles de inteligencia poblacional y hace que la gente sea más feliz.

Recapitulemos un poco.

Ser feliz, como vimos, puede ser asumir un modo de ser, elegirlo y decidir en conciencia. Y la única herramienta cabal que los animales humanos tenemos a la hora de decidir qué hacer ante las circunstancias que se nos presentan es el pensamiento crítico, a menos, claro, que decidamos volcar nuestra voluntad en

---

30 *Hijos del agobio*, de 1977, fue el segundo disco de la maravillosa banda de rock andaluza Triana. Si no la conoces, espero que te tomes la molestia de escuchar alguna canción. Ya me dirás qué te parece.

una creencia exógena,[31] como es el caso en particular de alguna religión.

El pensamiento crítico es, en este caso, un muy cercano sinónimo del *carácter* al que alude Ortega, y aunque hay vacas con mucho carácter, del que ahora estamos hablando es de aquel que es el resultado de nuestra experiencia y aprendizaje y que será más crítico y autónomo en tanto nos permita entender más fielmente a los demás, a sus contextos y al nuestro y, por ende, a nosotros mismos, en toda nuestra contingencia. Pero nada de esto es posible, como ya hemos visto, si nos limitan nuestro desarrollo psicomotor y nos cercenan las habilidades sociales, pues es imposible la sola idea del pensamiento crítico si no podemos relacionarnos y conocer a los demás, a sus realidades, a nosotros mismos y al mundo en el que todos vivimos. Entonces, la confianza interpersonal es una de las piedras fundamentales para poder levantar este edificio que se sostiene difícilmente sobre todos estos equilibrios que componen al animal humano.

El punto es que quizá nuestros hijos no puedan llegar a entender esto en toda su plenitud, pues sus circunstancias, las que nosotros, desde nuestra desconfianza infinita y estúpida, les estamos imponiendo, son una limitación en sí para el desarrollo de su propio carácter, de su pensamiento crítico. Este hecho condicionará absolutamente sus capacidades intelectuales, aquellas que nos permiten decidir y elegir bien y, así es, de ser felices.

Hablar de niños felices cuando te he escupido sin rubor a la cara datos de depresión infantil y juvenil se nos hace muy cuesta arriba a

---

31 *Exógeno*, por si aún no te hiciste con el diccionario que te mencioné, es algo que se debe a causas externas.

los dos. Aunque siempre puedes ser un egoísta irredento y decirme que los tuyos sí que son felices y más inteligentes que los demás y bla, bla, bla. Pero si lo haces, es que no te estás enterando de nada y harías bien en regalar este libro al primer desconocido con el que te cruces, utilizarlo para calzar algún mueble que no asiente bien en tu casa o directamente olvidarlo en una esquina polvorienta y ponerte a hacer otra cosa.

Estamos condenados a vivir y a confiar en los demás para poder llegar a ser animales humanos plenos, actualizados. Y «los demás» son nuestros vecinos, los que llenan las calles de tu ciudad, tu país, los más de 8 000 millones de habitantes de la Tierra ahora mismo. Créeme, no estamos educando a las próximas generaciones para eso. Estamos fabricando animales cada vez menos humanos, solitarios, egoístas, acríticos y manipulables y, claro, yendo contra nuestra propia naturaleza: animales enfermos.

Nuestros hijos son el fruto de nuestros miedos, anhelos y esperanzas. De nuestras frustraciones y decisiones bien y mal tomadas, y sobre todo de nuestra propia falta de pensamiento crítico, en la gran mayoría de los casos.

Ellos son el proyecto de todo lo que nosotros no pudimos ser, de tan alto que nos vendieron que podíamos volar y estúpidos de nosotros que lo compramos. Aquello que no tuvimos se los queremos dar sin más, simplemente porque podemos y también porque nos sentimos culpables por no estar junto a ellos para poder conseguir precisamente eso que les damos sin pensar, sin reflexionar si hacemos bien o mal autoengañándonos al creer que lo material suple el cariño no dado, cuando en realidad no es más que una breve explosión emocional cada vez menos placentera cuanto más se abusa de ella.

Así, sin darnos cuenta, el daño ya está hecho. Porque los niños ya no juegan, porque los hijos de los vecinos no son dignos de compartir espacio y tiempo con los nuestros, porque no confiamos en nuestros vecinos y, por supuesto, ni siquiera sabemos cómo se llaman sus mocosos. Pero la educación de un niño, como bien lo recuerda José Antonio Marina[32] con aquel famosísimo refrán africano que tanto repetimos los que nos dedicamos a esto de desasnar humanos, no es competencia exclusiva de sus padres, hace falta toda la tribu completa, y no una tribu cualquiera, una tribu sana, inteligente, bien intencionada, confiable.

No aceptar esa realidad es arrancarnos gran parte de lo que nos hace humanos y reducirnos a pretenciosos animales vestidos, a monos con poco pelo y con teléfonos inteligentes en los bolsillos. A carne moldeable que se autoimpone el trabajo como significado de vida y que se endeuda sin fin para poder seguir comprando falsa felicidad en inyecciones directas a nuestro cerebro a las que cada vez somos más tolerantes y terminamos necesitando más, en mayor dosis y con más frecuencia, gracias a lo cual sostenemos a un sistema que hasta ahora había funcionado más o menos bien. Pero ¿por cuánto tiempo los hijos del agobio podrán sostener este *statu quo* que ya no depende de ellos, sino de un planeta enfermo que parece no poder mantenerlos? ¿Qué está por venir? Y tú y yo ¿qué papel jugamos en

32 No podía faltar la cita de rigor a José Antonio Marina. Y aunque varios amigos puristas, a los que aún quiero bien, me han criticado la falta de rigor en algunas de las citas a pie de página de mis obras anteriores, cuando se trata de citar amigos de hace años y cuyos libros mezclo automáticamente con sus charlas de sobremesa, me van ustedes a perdonar, pero no me resisto a ser poco ortodoxo. Así que si quieres saber cuándo, dónde y cómo usa Marina el mentado refrán africano, disfruta investigándolo, que yo con decirte quién lo dijo me doy por satisfecho.

todo esto y, si lo hacemos, cuál será nuestro sitio real en la historia? ¿Acaso se avecina ese tan esperado cambio de *era* que revolucionará el mundo y que nos prometieron desde hace décadas? No sabes a qué me refiero, ¿verdad?

Ya verás.

LA ERA DE LOS IDIOTAS

En la ignorancia del pueblo está seguro el dominio de los príncipes; el estudio que los advierte, los amotina. Vasallos doctos, más conspiran que obedecen, más examinan al señor que le respetan; en entendiéndole, osan despreciarle; en sabiendo qué es libertad, la desean; saben juzgar si merece reinar el que reina, y aquí empiezan a reinar sobre su príncipe [...] Pueblo idiota es seguridad del tirano.

FRANCISCO DE QUEVEDO Y VILLEGAS,
La hora de todos y la fortuna con seso

¿Desde dónde estás viviendo la historia?

Imagina que estás sentado frente a un pozo, ya es tarde, pero hace un sol de justicia, de esos que te invitan a no salir y a quedarte bajo la sombra de algún árbol generoso. Pero tienes que sacar agua del pozo para que abreven las bestias que usas para romper la tierra y que, de no hacerlo, no estarán listas para poder volver a trabajar a la mañana siguiente. Es el año 476 de la *era* cristiana, vives en una pequeña población al sur de la península ibérica, en la Bética y, aún tras el continuo intento de los visigodos por asegurar bajo su dominio tu hermosa provincia, tu preocupación es dar de beber a tus animales para poder seguir destripando los terruños al día siguiente, y así prepararlos para recibir el próximo cultivo que te alimente a ti y a los tuyos en los meses venideros.

Si esto te ha sido fácil, hagamos otro esfuerzo imaginativo. Corre el año 1789 y trabajas en un ingenio azucarero en la isla de Cuba. Tu trabajo es mantener en perfecto funcionamiento el gran molino donde se machaca la caña. La maquinaria es grande, pesada y peligrosa, y la mueven varias yuntas de bueyes. Cuando todos descansan es el día que tienes más trabajo, es el «tiempo muerto» y te toca darle un mantenimiento más exhaustivo al molino. El resto de los días, si todo marcha bien, vas a ayudar a la casa grande para tener siempre a punto el tiro de las chimeneas, las estufas y los alambiques de cobre, y preparas los techos de todas las edificaciones de la hacienda para cuando las lluvias y los huracanes pasen sobre la isla.

Ahora se abre ante ti un enorme meandro del río Éufrates. Tienes en la mano una especie de azada de madera pequeña y estás hundiéndola en la orilla arcillosa, para luego, con no poco esfuerzo, sacar grandes pellas de barro que colocas en una cesta de juncos trenzados, que portarás sobre tu espalda hasta la cercana ciudad de Uruk, donde vives. Allí, con calma pero sin pausa, limpias de impurezas la arcilla, que bates y golpeas sin cesar para aplanarla hasta formar tablillas blandas de no más de dos palmos de longitud y uno y medio de alto por medio pulgar de ancho. En otro sitio, otras manos dividirán en cuadrículas las tablillas aún blandas con una caña afilada, y con otra caña especialmente cortada para ese fin dibujarán extraños signos que solo unos cuantos pueden interpretar. Tú no. Faltan 3 500 años para que el Nazareno nazca y el contador de los años del hombre comience a andar, por el capricho de unos pocos, desde cero hacia la derecha.

Ahora abre un poco más los ojos

Los historiadores han tenido a bien etiquetar la historia, han puesto pestañas de diferentes colores en el grueso tomo de los años de la Tierra y en el fino capítulo de los días del animal humano. Y, por supuesto, para eso tuvieron que llegar a algunos consensos e incluso tirar de fe y de imaginación. Porque no todas las fechas están tan claras como uno quisiera imaginar. Se dividió el tiempo de los hombres en dos grandes grupos: la prehistoria y la historia, y cada grupo en los subsecuentes, intentando fijar el corte caprichoso con algún hito relevante. Así hasta inventarse lo que hoy llamamos la cronología de la historia humana.

Pero toda esta labor de categorización y esquematización, que se inició en la mesa de trabajo del historiador Christoph Cellarius en la universidad alemana de Halle sobre 1685, no fue el resultado de una iluminación sapiencial extracorpórea, no fue tocado en la frente por el dedo de Minerva, ni gritó *eureka*, ni le cayó una manzana en la cabeza, ni nada semejante que le dé ínfulas mesiánicas a este hecho arbitrario de dividir el tiempo de los hombres y marcar así las distintas *eras* de «nuestra historia».

«Nuestra», tan nuestra como que en cualquier otra parte del mundo no eurocéntrico, u occidental, carece de sentido, aunque hayan acabado pasando por el aro de la globalización.

¡Así que empezamos bien! Quizá las épocas más lejanas de la prehistoria puedan ser más o menos semejantes en su cronología, aunque lo dudo mucho. En fin...

> Algunos nos volvemos plena y verdaderamente globales; otros quedan detenidos en su «localidad», en un trance que no resulta agradable ni soportable en un mundo en el que los «globales» dan el tono e imponen las reglas del juego de la vida.
>
> Zygmunt Bauman

Hemos vivido muy separados los unos de los otros hasta hace poco tiempo, y no es que ahora seamos una gran familia, ni mucho menos. Pero sería absurdo que cualquiera de los actores de los tres ejemplos anteriores se planteara estar viviendo un cambio de *era*. A ninguno podría pasarle por la cabeza estar cerrando una etapa de su propia historia y abriendo otra nueva.

Primero, porque el hecho que se escogió para fijar el cambio de ciclo quedaba tan lejos en la distancia geográfica, o tan cerca e inmediato a su propia cotidianidad que en ningún caso se le podría dar la magnitud que después otros hombres le dieron.

Y segundo, y mucho más importante, porque para ello habría de saber que no solo se utilizarían esos sucesos como hitos decisivos en la historia, sino además, aun sabiéndolo y viviéndolo en primera persona, necesitaría haber tenido una conciencia histórica global.

Esto es, saber que él y todos los que en ese momento coexistían en esas circunstancias estaban tomando el timón del tiempo y abriendo un parteaguas en la historia de la humanidad.

Para poder tomar el timón de nuestro devenir histórico impera siempre la necesidad de un pensamiento crítico y autónomo tan vasto que, conocedores de sus propias realidades y de las de ese momento *histórico*, fuesen nuestros protagonistas conscientes también de cuán importante era su aquí y su ahora y cómo se entendería en el futuro.

No nos engañemos. Muy pocas veces, o ninguna, se ha tenido esta autoconciencia y el saber suficiente de las circunstancias propias y comunes.

El otro último gran corte es el de 1789 según los historiadores: la Revolución francesa. Un hito determinante que partió el hilo de lo que hasta ese entonces se llamó la *modernidad*, dando paso a lo que se renombraría, tiempo después, como la *contemporaneidad*. Los artífices de la revolución, los más adelantados y cultos, decidieron marcar este paso de ciclo con la reinvención de múltiples cosas. Se fundaron, o redefinieron, las instituciones públicas francesas en todos los ámbitos, se impuso un nuevo sistema de medida, o se reescribió y redefinió la jerarquía social y las relaciones de respeto y relación entre los nuevos ciudadanos, que no súbditos, entre otras muchas «contemporaneidades», como intentar reinventar el calendario mundial tomando como inicio la propia revolución. ¿Se puede intentar más acertadamente marcar un antes y un después en el tiempo, que reiniciando el reloj de la historia? Y en cierta medida se lograron algunas de estas pretensiones, suficientes como para dar cierta legitimidad al cambio de denominación histórica, aunque no se consiguiera, por mucho, reiniciar el calendario mundial desde el *Año Uno de la Revolución,*[1] ni impedir que volviera varias veces a restaurarse el antiguo sistema monárquico. Pero claro, si pretendemos creer hoy en día en el mundo occidental que el lema «Libertad, Igualdad y Fraternidad» es el motor primero y último de nuestras acciones, entonces tendremos un problemita de percepción fenomenal. Pero ¡ojo!, si eres feliz creyéndotelo, deja de leer y sigue viendo a tus *influencers* de cabecera o posteando tonterías en las redes sociales, lo mismo te estás perdiendo algún hilo, *post,* o meme interesante.

1 El calendario republicano francés fue el empleado en Francia y sus colonias desde 1792 a 1806, fecha en que lo abolió Napoleón. Fue un diseño del matemático Gilbert Romme que intentaba aplicar el sistema decimal eliminando las semanas de siete días por décadas de 10 días. Cada mes tenía entonces tres décadas y había 12 meses al año. El inicio del año era en el 22 de septiembre del calendario gregoriano, fecha del equinoccio de otoño en el hemisferio norte y de la proclamación de la República en el Juego de Pelota. Cambiaron los nombres de todos los meses y los cinco días que se precisaban para completar el año (seis en los años bisiestos) se dedicaban a festividades nacionales laicas.

¿Y desde 1789 a hoy?

Desde 1789 han pasado un montón de cosas en un lado y otro del mundo, pero tan solo un par de ellas ciertamente relevantes un poco más arriba de nuestras cabezas y las estelas de los aviones. El paseo del Sputnik, por ejemplo, la llegada del hombre a la Luna (aunque seguro más de un imbécil ya esté negando con la cabeza) o las primeras imágenes de Marte a ras de suelo, que nos prometen que, en un futuro cercano, también daremos algunos saltitos sobre el polvo rojo. Pero poco más ha sucedido más allá de nuestra atmósfera que realmente nos incumba. Si nos centramos en el siglo XX, por pura comodidad, lo que de inmediato salta a la vista son las dos grandes guerras mundiales, y ese otro sinfín de conflictos, pero igual de sangrantes que nunca han dejado de manchar de sangre las páginas internacionales de los periódicos. Tanto impactó la primera, que le llamaron la Gran Guerra, sin saber la que se les venía encima poco después. Pero aun siendo dos eventos colosales, con millones de muertos en sus cuentas, no fueron lo suficientemente transcendentales para hacer saltar el peldaño de la contemporaneidad hacia la... quién sabe qué nombre le pondrán cuando tengamos la suficiente perspectiva histórica...

En mi época de estudiante de bachillerato —muy mal estudiante, por cierto— mis profesores de historia siempre discutían sobre qué hito del siglo XX habría sido capaz de generar esa hendidura en el eje cronológico que en el futuro los estudiantes deberían aprenderse. Los más tecnofílicos hablaban de los parabienes de la Era Atómica, como si leyéramos los primeros relatos de ciencia ficción de Asimov. Pero el control de la energía atómica ha sido y es tan delicado, costoso y demandante que si no diéramos mantenimiento diario y riguroso a los 448 reactores nucleares operativos hoy en el mundo,[2] en 25 años habría que buscar una nueva forma de vida en el planeta, porque los *chernóbiles* estarían estallando como palomitas de maíz por doquier. Podemos decir que tenemos muy controlado esto de la fisión del átomo, es cierto, pero el mero conocimiento y las buenas intenciones no son suficientes, como ya aprendimos el 26 de abril de 1986, porque contra la estupidez humana no hay vacuna, ni contra las fuerzas incontrolables y espontáneas de la naturaleza, como ocurrió en Fukushima en 2011. Y los juegos «azarosos» de la geopolítica pueden dar al traste en un abrir y cerrar de ojos con todo el conocimiento y la buena voluntad que queramos echarle, porque no estamos libres de nuevas guerras en ningún rincón del planeta, como nos ha recordado la guerra ruso-ucraniana.

---

2 Mientras escribo estas cifras se están construyendo en el mundo, según información del Foro de la Industria Nuclear Española, otras 58 unidades más. Quién sabe cuando leas estas páginas cuántas centrales nucleares habrá funcionando en el planeta...

> Bombardeo ruso desata incendio en gran central nuclear de Ucrania. Proyectiles rusos impactaron en la planta de Zaporiyia, la más grande de Europa, y las autoridades advierten «una amenaza real de peligro nuclear» mayor que Chernóbil.

Entre mis profesores también estaba el bando de los tecnoingenuos (parecidos a los primeros, pero más jóvenes) que auguraban la Era de la Información basada en la popularización del incipiente internet y la telefonía móvil. Es cierto que hoy en día hay más teléfonos móviles que habitantes en la Tierra y que el uso de internet se extiende de forma dramática aunque tan dispar que hablar de una globalización de la también llamada Era Digital es un insulto en muchísimos países (y no me refiero a Corea del Norte o Cuba; mira más cerca de ti, y seguro que verás a qué me refiero). Y aunque las tecnologías de la información y la comunicación estén campando a sus anchas, esto no ha significado que la Era de la Información sea una realidad. Que todos tengamos algo para escribir o garabatear en casa no nos hace expertos dibujantes, escritores o matemáticos. Por desgracia, y de la misma manera, que una parte muy significativa de la población mundial tenga acceso a consumir información de calidad si se empeña un poco en buscarla no significa que lo haga (recuerda lo del 2%), sino que puede suceder todo lo contrario. Hasta el punto de que, muy agoreros, podríamos hablar de una Era de la *Infoxicación*, la Desinformación, la Posverdad o la Cámara de Eco. Y si te van los anglicismos, monta el tuyo propio con *fakenews* y *era*, que se puede escribir igual en inglés o en español.

Pero los optimistas, que pueblan por doquier el ciberespacio, siguen apostando por el advenimiento de la Era Digital, un cambio de paradigma histórico que nos permitirá ser más libres, estar interconectados y estudiar y trabajar en aquello que más nos satisfaga desde donde nos dé la gana y queramos. Me encantaría que esto fuese así, lo prometo. Porque suenan genial todos esos buenos deseos y si además me dicen que voy a estar más delgado y que no se me caerá tanto el pelo, pues correré a contratar una conexión a internet de 10 *gigabytes* por segundo donde tenga que ir, pero

> a menos de que seamos conscientes de esta dinámica, nos moveremos hacia una fase de terrores de pánico, adaptándonos a un mundo pequeño de tambores tribales, interdependencia total y coexistencia superimpuesta [...] Una vez que hayamos supeditado nuestros sentidos y sistemas nerviosos a la manipulación privada de quienes intentarán beneficiarse a través de nuestros ojos, oídos e impulsos, no nos quedará ningún derecho.
>
> Marshall McLuhan

Ya llevamos suficientes años de experiencia como para saber que, aunque exista esa remota posibilidad de una Arcadia Digital en potencia, para que estos argumentos de la Era de la Información cristalicen hacia el lado bonito de la película que nos prometieron, deben ir ligados íntimamente a la historia vivencial de cada individuo-ciber-usuario, a su relación con el entorno socioeconómico donde radica y a otros varios agentes en los que ya entraremos, si nos dejan.

> Trabajadores latinoamericanos ven a la falta de presupuesto como la principal barrera para el teletrabajo [...] Un informe reciente de Marsh destaca que el 89% de los empleadores de la región piensan que ofrecieron apoyo a los empleados durante la pandemia, pero solo un 64% de los colaboradores concuerdan.

¡Uy! Pero no éramos clase media... En fin.

Y es que no pasa uno de tragar *reality shows* y telenovelas en la televisión tradicional analógica a leer y asimilar artículos de pensamiento crítico, a ver películas de Bergman o documentales de Noam Chomsky en línea y convertirse en ciberejecutivo el mismo día que te conectan la fibra óptica en casa. Si eres un habitual consumidor de esos entretenimientos predigeridos de la sociedad del espectáculo, y disfrutas de la desinformación y el embrutecimiento gratuito en tu vida cotidiana, lamento decirte que no cambiarás ese mal hábito por muchos adelantos tecnológicos que compres, ni por muy ancha que sea tu banda, ni por más definición que tengan las pantallas de tus mil dispositivos interconectados a tu córtex cerebral, ni porque aprendas a vender y a mandar tacos de canasta y menudo por litros gracias a una aplicación móvil por un servicio de *delivery*.

¿Estamos buscando bien?

Y ASÍ ANDAMOS BUSCANDO, CON LA INGENUIDAD SIMPLONA del que se cree más listo que los demás, un cambio de *era* que nos catapulte a las estrellas, que nos coloque en el Olimpo que creemos nos merecemos como el fruto más agraciado de la selección natural y de la evolución de las especies. Pero ¿qué estamos logrando?, ¿cómo es este mundo en el que vivimos? Los filósofos han brincado de *la condición posmoderna* (Jean François Lyotard) a *los tiempos hipermodernos* (Gilles Lipovetsky) como quien comparte estampas de jugadores de futbol, sin darse cuenta de que al mundo sus etiquetas, citas a pie de página y análisis sesudos en libros que nadie compra le importa un carajo, porque no lo entiende, porque no hacen películas, ni series, ni documentales con ellos y porque ninguna de sus ininteligibles frases pedantes (como esta) caben en los 280 caracteres de un tuit. ¡Mierda!

Llámame raro, pero me encanta ver cómo nos damos palmaditas en los hombros colmados de orgullo cuando otros son capaces de sacar un cohete al espacio y lo vemos aterrizar de vuelta, sobre su propia vertical en directo, por internet, desde la comodidad de nuestra casa, quien la tenga. Todos nos ufanamos cuando un ciego corona la cima del Everest, aunque nunca hayamos subido ni a una colina, ni sentido cómo quema la nieve cuando te toca demasiado tiempo, pero esos son detalles sin importancia, ¿verdad? Y somos capaces de emocionarnos ante la belleza de alguna música concreta y sentir que nos hermanamos en el sentimiento creativo del autor, mientras te distraes de esa realidad que tanto asco te da. Pero claro, como mucho sientes ese arrobamiento místico cuando escuchas reguetón...

Me dirás que tú no eres así y yo te creeré, porque me da igual hacerlo o no, y quedo mejor diciendo que te creo, porque tengo la esperanza de que me sigas leyendo un rato más a ver si así conseguimos algo. Y te repites que eres sensible a los problemas de los demás, que en el último terremoto de la Ciudad de México aportaste para los centros de acopio, que rezaste mucho para aliviar el sufrimiento de los damnificados en la última tragedia bélica de Oriente Medio, que estás ahorrando gas para no depender de los cabrones de los rusos, que siempre firmas las peticiones de *change.org* y das *likes* a las publicaciones veganas y de PETA.[3] Que haces todo lo que puedes, pero que el problema es del sistema capitalista que nos oprime, que qué más puedes hacer, que tú no lo elegiste, que son las malditas circunstancias. Pero que a tus hijos los educas en valores, aunque casi no los veas porque trabajas como un cabrón para darles todo lo que necesiten, y que quieres que sean felices y que no pasen por las

---

3 PETA es la abreviación en inglés de «personas en pro del tratamiento ético de los animales». Una organización de defensa de los animales fundada en Estados Unidos en 1980 y que cuenta con más de seis millones de miembros y simpatizantes (la cifra baila según las fuentes, pero son muchos).

cosas malas que tú pasaste, porque has pasado por mucho, claro, y que por eso los provees de todo lo que necesitan, y que tú nunca tuviste, y por eso están superequipados y preparados y protegidos de esta vida de mierda... ¿Te estás escuchando? ¿No recuerdas nada de lo que leíste en la primera parte?, ¿o es que tus hijos son los más inteligentes y los más felices? ¿También tú lo eres? ¿Y qué más?

No sé si hay forma de que esto cambie, y en parte aquí está la solución a nuestras preguntas, a nuestras ansias de trascender, de dar ese salto en los libros de historia o en los documentales de History Channel que otros tendrán que aprenderse, si es que hay algún otro en el futuro, porque eso está aún por verse. Quizá realmente no haya forma de hacer que nada de esto cambie. Supervivencia o aniquilación, trascendencia o extinción, salto de *era* o armagedón. ¿De verdad todavía creemos que podemos ser los artífices de una revolución que cambie el mundo hacia una posibilidad de futuro real, hacia un camino de esperanza que sea diametralmente opuesto del que iniciamos hace siglos hacia nuestra extinción? De verdad no lo sé. Pero no se me ocurre nada mejor que hacer, hasta entonces, que seguir llamando tu atención de manera vehemente con la esperanza de que se rían de todas las tonterías que te estoy lanzando los humanos que encuentren este librito dentro de 1 000 o 2 000 años. Te parece que exagero, ¿verdad? Ojalá.

«Estamos hundiéndonos en una edad de hierro planetaria»[4]

Esto te va a encantar. Y es que a nosotros, que estamos en la vanguardia del tiempo, nos encanta fantasear con ovnis, conspiraciones planetarias o determinaciones metafísicas que dan sentido a nuestra existencia (ten en cuenta que el uso del plural aquí es un mero adorno literario, pues yo no creo en esas estupideces). Y todo esto refrendado, por supuesto, por el uso de la más fastuosa tecnología ultramoderna a nuestro alcance, que en realidad no pasa de un par de aplicaciones de móvil, algún dispositivo GPS, artilugios del coche como los sensores de proximidad y la cámara trasera para estacionar mejor, Netflix, un reloj inteligente conectado al teléfono, unos auriculares inalámbricos, la webcam de nuestra computadora y para de contar. En definitiva, si nos preguntaran, nuestras *crónicas de la ultramodernidad*, otra palabreja (esta de José Antonio Marina) para etiquetar esta era, van de la mano de los megapíxeles

4 Frase de Edgar Morin.

de la cámara de nuestro teléfono, pero no tenemos conciencia, ni por asomo, de los millones de horas y dólares en I+D+I[5] que se han tenido que emplear para que no solo te puedas hacer una *selfie* en la postura más ridículamente sensual que seas capaz, sino para que esa imagen infecta llegue en tiempo real a la otra parte del mundo y alguien se pueda reír de ti y de tu estúpida boca de pato, o de tus musculitos congestionados.

Y aun así creemos tener la solución a todas las preguntas del hombre a un pantallazo de móvil. ¡Vivimos en el futuro! «¡Qué fuerte, Doc!».[6]

Pero si hoy desapareciera todo el hierro de la Tierra, ¡menos el del centro del planeta, claro!, ya verías qué bonito iba a ser. De hecho, a pesar de toda la exuberancia tecnológica y de los nuevos hipermateriales de vanguardia que presumen los coches de alta gama o las bicicletas del Tour de Francia, el hierro sigue siendo la parte fundamental del desarrollo tecnológico humano. Sin hierro no habría barcos que movieran billones de toneladas anuales de un sitio a otro, no habría coches, no se podrían construir más que pequeñas casas baratas de ladrillos o madera, o mucho más caras de piedra, nada de rascacielos, ni megafábricas que construyan aviones o cohetes, u ordenadores personales o teléfonos móviles, o satélites que, claro, sin cohetes no podrían orbitar jamás el planeta, ¡a la mierda Starlink!... Y mis profesores del bachillerato hablando del dominio del átomo cuando no podemos prescindir

---

5 Nomenclatura de investigación, desarrollo e innovación.

6 Si tengo que explicarte el origen cinematográfico de esta expresión, es que realmente nos separa un abismo.

sobre algo que ciertos pueblos primitivos aprendieron a usar en el siglo XII a. C.

Si abres bien los ojos, verás que, como ya te he dicho antes, no hemos dejado jamás de ser trogloditas con teléfonos de última generación. Herederos ingratos de una Edad de Hierro interminable con aspiraciones egoístas y simplistas, y que lo único que hacemos bien en cualquier época es pisarnos y someternos mutuamente para acabar, en el peor de los casos, matándonos los unos a los otros sin compasión y, en el mejor, viviendo en la impostura de creernos mejores que cualquier otro ser vivo a golpe de autoengaños tan artificiales como un *like*, un Prozac, consultar el horóscopo, maratones agónicas de series, rezar a algún dios, veranear en el sitio de moda ese año, apuntarnos al gimnasio, destrozarnos las rodillas con 40 años en las carreras populares, invertir en una empresa piramidal, etcétera.

Respiremos un poco juntos

SI TODAVÍA NO HAS TIRADO CON DESPRECIO ESTE LIBRO, créeme, vamos bien. Sé que me repetirás que no tienes la culpa, que así te has encontrado este maldito mundo y que por mucho que intentas darle la vuelta al asunto no encuentras muchas opciones. Yo tampoco, no te agobies, y te felicito porque esa postura es mejor, a mi entender, que cruzarse de brazos y echar la culpa a otro. Y la verdad es que tienes mucha razón en tu reclamo. Así te encontraste el mundo cuando naciste, y dependiendo del lugar y de la fecha de tu nacimiento, así se te abrieron unas posibilidades u otras, o ninguna tal vez... Claro que entonces dudo que estuvieras leyendo esto. Pero ahí, en la elección de las posibilidades, es donde actúa el *carácter,* ¿recuerdas?

Pensar que tan solo el azar nos ha colocado ante unas circunstancias u otras siempre ha sido una tortura para el animal humano. Hemos generado miles de relatos fantásticos acerca del destino, la creación, o el *amor fati,*[7] y de su relación entre nosotros y las fuer-

[7] *Amor fati* es una expresión latina usada por Nietzsche y reinterpretada y analizada hasta la saciedad. Podríamos traducirla tal cual como «amor al destino», pero

zas superiores que lo propician. Porque pensar que no tenemos la más mínima posibilidad de acción entre nuestra existencia y lo que podamos hacer con ella, por causas externas a esta, es algo que puede resultar terrorífico si asumimos las repercusiones posteriores de la accidentalidad del dónde, cómo y cuándo de nuestra llegada al mundo, y entonces deberíamos asumir que no tendremos más que las posibilidades de desarrollo que nos brinden esos dóndes, cómos y cuándos: *las circunstancias*. Pues no es lo mismo nacer en el mejor hospital privado de Manhattan en 2018, que el mismo día entre las ruinas de un Apple Store en Alepo o en Kiev mientras silban las balas de las AK-47 sobre tu cabeza. Desde luego no es igual, ¿verdad?

Así que, si a uebos[8] tenemos que hacer cestos con los mimbres que nos han tocado por el azar caprichoso del universo (cosa que muy pocos asumen y prefieren pensar en la mano interventora de algún ente metafísico de dudoso entendimiento, más que por el camino de la fe), tendremos, por tanto, que inventarnos los subterfugios intelectuales o emocionales suficientes que nos eviten tener que, como estoicos,[9] asumir con resignación la contingencia de

---

más bien es la aceptación del mismo desde la libertad y asumiendo la responsabilidad del hecho en sí, algo estoico en esencia (ahora te explico un poco más de los estoicos en la nota 9, no te preocupes) y tremendamente poético, como no podría ser de otra manera tratándose de Nietzsche.

8 Lejos de ser una falta de ortografía, *uebos* proviene del latín *opus* y lo podríamos traducir como «necesidad». Es un arcaísmo, sí, pero tan chulo que te puede costar un regaño o una expresión de asombro, tú verás qué haces con ella.

9 El estoicismo es una corriente filosófica fundada por Zenón de Citio en Atenas, hace alrededor de 2 300 años, y tiene que ser entendida como un modo de vida y una concepción del mundo. La ética estoica es, lógicamente, su proyección más conocida, y se basa en vivir conforme a la naturaleza, como un ejercicio de la razón, pues para ellos la naturaleza es racional. Así pues, para ser felices debemos aceptar el destino,

nuestra propia existencia, o rechazar el vértigo terrorífico de una elección que puede abocarnos a vivir peor de lo que ya estamos.

No faltarán en nuestro bestiario común, entonces, los psicoanalistas que busquen a golpe de billete el porqué de nuestra desesperación en los aconteceres de un pasado que nos impide ser felices, los *coaches* de todo pelo que pretenden darnos herramientas casi mágicas sacadas a punta de cartera de nuestras propias habilidades «neurolvidadas» y negadas por un yo inepto y medio ciego deslumbrado ante su propia divinidad todopoderosa. Los sacerdotes, chamanes, curas, druidas, líderes espirituales, que también bailan maravillosamente al ritmo del tintineo de las monedas, nunca faltarán, para añadir color a la paleta de nuestro propio autoengaño. O ya si te gusta castigarte solo, tampoco faltará todo tipo de drogas, legales o no, que hacen más llevadera esta vida constreñida por la mismísima realidad de un día a día que no podemos cambiar, más que hacia lo mismo. Y no respires aún aliviado, que los videojuegos, las redes sociales, las donaciones a Greenpeace, los videos de gatitos, las bebidas con chía, la cara sonriente junto a tu nombre en el vaso de papel acerado del Starbucks, las malditas fotos que subes a las redes de lo que te vas a zampar, los bailecitos ridículos de TikTok o los trapitos que te compras porque «los necesitas», todo eso y mucho más, también entra en el mismo paquete. Si nos vamos a castigar, hagámoslo en serio, porque esta automortificación también es droga y nos pone cachondos. Porque todo lo que sea darle caña al *yo* sin afrontarlo realmente e intentar arreglar las cosas «nos pone»,

---

como los dictados de la naturaleza, pues confrontarlo solo nos aportará zozobra, así que es imperativo para los estoicos controlar nuestras pasiones.

nos excita, nos hace sentir que estamos vivos sin tener que hacer nada más que sentir cómo nos cocean y, además, alguien se está tomando la molestia de jodernos la existencia, porque obviamente somos el centro del universo. ¡No me obligues a llamarte idiota, por favor!

Sobre los optimistas

«¡VICO, LOS AGOREROS NO TIENEN FUTURO!».[10]

Y tienes toda la razón en decírmelo, pero además añadiría, ni los agoreros, ni vistas las cosas y lo que nos queda por ver. Tampoco los optimistas tienen el menor futuro.

Michio Kaku, el conocidísimo divulgador de la ciencia con el que te habrás cruzado sin saberlo en mil documentales del Discovery Channel y videos de YouTube, nos invita a soñar cuando nos dice que:

> Nuestro destino para el año 2100 es igualarnos a los dioses que en otro tiempo adorábamos y temíamos. Pero no nos valdremos de pociones y varitas mágicas, sino de la informática, la

---

10 Esta frase, tal cual, me la tiró a la cara por redes sociales mi amigo José Carlos Carmona, un hombre del Renacimiento en pleno siglo XXI al que únicamente le han faltado 20 cm de altura y ser más guapo para ser un referente internacional a emular… aunque ya lo sea en muchas cosas.

> nanotecnología, la inteligencia artificial, la biotecnología y, sobre todo, la teoría cuántica, que es el fundamento de todas las tecnologías anteriores.
>
> Michio Kaku

Y créeme que esto me apasiona y me invita inmediatamente a sumergirme en mis libros de ciencia ficción e invocar a la Fuerza para que meta un paquete de palomitas en el microondas mientras me arrellano en el sofá, dispuesto a olvidarme de todo, y de ti, viendo las tres temporadas seguidas de la mítica *Star Trek*, ¡obviamente la serie original! Pero la ONU anuncia que para el año 2100 habrá 11 200 millones de personas pisando el planeta, que el continente africano será el que en proporción sufrirá el mayor aumento de población, y que, aun así, seguirán siendo las hordas asiáticas las más multitudinarias. La revista *Nature Climate Change* alerta de que, si el nivel de emisiones contaminantes se mantiene, en el mismo año en el que seremos dioses mitológicos, tres de cada cuatro habitantes de la Tierra se enfrentarán a «temperaturas potencialmente mortales». Y claro, teniendo en cuenta que los nueve países que sufrirán el mayor aumento de población de aquí al 2050 son India, Nigeria, República Democrática del Congo, Pakistán, Etiopía, Tanzania, Estados Unidos de Norteamérica, Uganda e Indonesia y que ninguno de ellos, hasta la fecha, brilla por sus magníficas políticas de protección medioambiental; ya me dirás qué tipo de dioses mitológicos serán los habitantes de las zonas condenadas a soportar durante 50 días al año calores que excederán la capacidad termorreguladora humana… ¿Vulcano quizá?

Si aún eres renuente a esto del cambio climático, te voy a dejar un titular que me lleva taladrando las pupilas desde hace semanas y que lo mismo no entiendes al primer golpe de vista. Se publicó en España y es aplicable a todo el planeta, justo cuando creas que no puedes soportar el calor, allí donde estés, repítete esto:

> Esta es la ola de calor más fría del resto de tu vida.

Lamentablemente, la realidad de unos no es, ni por asomo, la de otros. Si lees estas palabras que con tanto cariño te escribo, desde la comodidad de tu casa en Noruega, ya estarás más que cansado de escuchar que en el año 2025 todos los coches que se vendan en tu país serán eléctricos y seguramente, como buen previsor que eres, ya tendrás el tuyo recargando en el garaje; eso es fabuloso y no sabes cuánto te envidio. Y si todos los habitantes del planeta estuvieran en la misma realidad económica que Noruega, creo que nada de lo que ahora lees tendría sentido. Pero imagina que vives en la periferia de París, allí donde se hacinan en grandes torres de departamentos los franceses de origen africano, o donde viven aquellos de origen turco a las afueras de las grandes ciudades industriales alemanas, o en los miles de barrios obreros de España, Irlanda, Portugal, Italia o Grecia, por no hablar de las colonias populares latinoamericanas que se extienden como mares grises o rojos alrededor de ciudades como México, o São Paulo, o Medellín, o la que te quieras imaginar. Allí donde tener un coche es una inversión que difícilmente se repite cada 20 años y donde los afortunados propietarios tienen que estacionar su vehículo donde puedan, pero siempre en la calle. ¿Y allí, dónde nos enchufamos? ¿Ayudarán los Gobiernos de estos países a cambiar la gigantesca flota de vehículos de motor térmico por eléctricos? ¿O finalmente solo los que vivan como noruegos y ganen como tales podrán hacerlo, sea donde sea que vivan? Solo en la zona metropolitana de la Ciudad de México hay 10 millones de unidades motorizadas, casi el doble que habitantes tiene Noruega, haz cuentas. Sí, me dirás que todo aporta y que los esfuerzos noruegos son un magnífico ejemplo para el resto de los países del mundo, y te diré que sí, pero que ojito. Que ese salto magnífico de responsabilidad ecológica ha sido posible gracias a que desde el año 1990 los noruegos, previsores e inteligentes como ellos mismos, decidieron fundar el Fondo Petrolero de Noruega, esto es, capitalizar estatalmente los recursos de hidrocarburos del país. En 2006, quizá porque eso de que *Fondo Petrolero* no sonaba demasiado bien para la sensibilidad ecológica del momento, o porque ya las reinversiones del fondo se extendían más allá del mercado del oro negro, decidieron llamarlo *Fondo Global de Pensiones del Gobierno*. Y hoy, gracias a la buena gestión política de los hidrocarburos nacionales y sus dividendos, esta hucha estatal es el fondo soberano más grande del mundo, con un portafolio de casi un billón de dólares (871 mil 921 millones de euros a la fecha de la publicación del dato, para ser más exactos), y claro, ahora quieren desligarlo de los derivados del petróleo, que ya solo suponen 6% del total, *¡peccata minuta!* Seguro que a más de un conservador neoliberal avieso, ajeno a los parabienes escandinavos, lo de la intervención estatal en la administración de los recursos naturales le sonará como mínimo a arenga populista y roja, pero no hablamos de Venezuela, sino de Noruega. Si ese es uno de los caminos, mucho tienen que cambiar las cosas para que la parte jodida del mundo pueda al menos soñar que la otra parte le deje hacer algo semejante con sus propios recursos.

Un mundo, sí, pero a varias velocidades

El caso noruego es uno de los muchos y lamentables ejemplos de un mundo que gira a varias velocidades. La vieja separación entre primer mundo y tercer mundo ya no es tan sencilla, obvia sí, pero no tan perfectamente definida como hace varias décadas. Casi habría que hablar de tantos por ciento de primer mundo en el tercero y viceversa, aunque salvando aquí diferencias vergonzosas y que, además, no son pocas. Sí, estoy seguro de que en Noruega también hay lo que ellos llamarán *pobres*. Pero claro, no es lo mismo ser pobre en Noruega que en Bolivia. Lo más asqueroso es que tampoco es lo mismo ser rico en Colombia que serlo en Finlandia. El rico del tercer mundo es repugnantemente más rico que el del primero y, además, en comparación, hay muchos más. En el revés de la moneda, el pobre del primer mundo es, sin duda, la envidia de la clase media del tercero, incluso la de verdad, esa a la que crees pertenecer si me lees desde alguno de los rincones del mundo que conforman la larga lista de países en vías de desarrollo, que no es más que un eufemismo, para no llamar a las cosas por su nombre, porque duele y todos tenemos nuestro corazoncito. Si no me crees, te adelanto este primer apunte para que lo compares con tu último estado de cuenta bancario: «En el caso de Noruega, el umbral de pobreza por hogar, compuesto por dos adultos y dos menores de 14 años, era de 52 269 euros al año». Por contrapartida, las dos terceras partes de los bienes y propiedades de México están en las manos de menos de 10% de su población, lo cual sitúa al país azteca en uno de los que ostentan el mayor número de ricos del mundo.

> Lo que sí impacta es ver cómo la desigualdad se convierte en un círculo cada vez más rígido en México, quien nace en situación de pobreza, lo más probable es que permanezca en ella a lo largo de su vida, la movilidad social parece un mito.

¿Quieres más? ¿Te atreves?, ¿o con eso hemos tenido bastante?

Lo prometido es deuda

Sí, parece que no te conformas fácilmente y quieres más. Y es que algunos animales humanos somos tan curiosos como los felinos, aunque después nos chamusquen los bigotes y ya no nos guste tanto ser unos chismosos. Pero como nos vamos conociendo y te debo desde hace algunas páginas una explicación sobre lo fácil que es engañarnos cuando el embuste nos agrada, y ya que en el capítulo previo hemos hablado de clase media, de Noruega y de México tan oportunamente para mi propósito, ahí te va una historia de esas que pueden echar por tierra tu rollito zen. Eso sí, después no te quejes porque ya estás más que avisado y prepárate, porque además va a ser extenso.

Si algo ha tenido en común la mayoría de los movimientos sociales de izquierda, o movimientos obreros, de los últimos 150 años, es el tan popular y machacado concepto autounificador de *conciencia de clase* como pegamento humano de estos. Este sentimiento de unión del proletariado, o sea, de las clases obreras productoras, ha sido un denominador común que las ha cohesionado en pro de la «lucha de clases», sin dejar de provocar no pocos conflictos internos, pero esa es otra historia. Así pues, la lucha de clases es, como ya sabrás, el fundamento de todos los movimientos comunistas y socialistas del siglo XIX, y principalmente del XX. Se trata de los herederos naturales, según Marx y Engels, de una estratificación social evolucionada de las diferencias feudales de antaño y actualizadas en la polarización de la burguesía y los proletarios en sus días:

> La moderna sociedad burguesa, que ha salido de entre las ruinas de la sociedad feudal, no ha abolido las contradicciones de clase. Únicamente ha sustituido las viejas clases, las viejas condiciones de opresión, las viejas formas por unas nuevas.
>
> Nuestra época, la época de la burguesía, se distingue, sin embargo, por haber simplificado las contradicciones de clase. Toda la sociedad va dividiéndose, cada vez más, en dos grandes bandos hostiles, en dos grandes clases que se enfrentan directamente: la burguesía y el proletariado.

Y debió ser la clase oprimida la que al grito de «¡proletarios de todos los países, uníos!» se enfrentara con la burguesía en el poder, la derrocaran, la depusieran e instauraran un régimen socialista universal. Y lo que sucedió después en todo el planeta ya es historia que deberías tener presente, sin olvidar, por supuesto, que todos los que hoy en día no hemos nacido en cunas de oro o torres de marfil somos, en gran medida, beneficiarios de las distintas luchas obreras que se sucedieron en nuestros países en épocas sucesivas desde que Marx arengara a nuestros abuelos y bisabuelos. Jornadas laborales de ocho horas, vacaciones pagadas, educación pública y gratuita o la prohibición del trabajo infantil, entre muchas otras cosas que ahora nos parecen de sentido común, son logros de aquella lucha de clases que hoy, ya demonizado hasta la saciedad todo lo que huela a comunismo, siguen disfrutando los que han tenido la suerte de nacer en el lado apropiado del mundo. Si no es tu caso, es muy probable que en tu país la lucha obrera fuera sofocada o desviada a tiempo, para que los poderes establecidos sigan esclavizándote y haciéndote creer que es lógico pagar por la educación o una sanidad de calidad y que cuantas más horas trabajes al día, más inteligente y feliz eres, porque podrás comprar muchas cositas y gozar de esos bien merecidos 10 o 15 días de vacaciones al año a los que tienes derecho...

Durante las pasadas décadas de la Guerra Fría, de 1945 a 1989, mientras el mundo estaba dividido entre comunistas y «el mundo libre», a derecha e izquierda del telón de acero, el concepto de *conciencia de clase* marcó toda la actividad social y política de ambas partes del mundo sensibles en esta contienda. Los países no soviéticos debían esforzarse en atender a sus bases proletarias y brindarles las mejores atenciones posibles siempre y sin parecer demasiado rojos, pero teniendo en cuenta que el enemigo bolchevique asustaba y seducía de igual manera desde el este, y que los colectivos obreros nacionales tenían mucha fuerza y un gran poder de convocatoria y acción. Mientras, para más inri, los soviéticos, que siempre se esforzaban en ocultar sus propias miserias, hacían alardes y fanfarroneaban de sus proezas espaciales, armamentísticas o bélicas, de sus logros deportivos y hasta ajedrecísticos. La dictadura del proletariado sacaba músculo y enseñaba los dientes, desde Cuba hasta Afganistán, a todo aquel que la cuestionara. Tal era el respeto a las bases obreras nacionales del mundo capitalista antes y durante la Guerra Fría que alguien tan poco sospechoso de comulgar con las ideas socialistas, como fue el presidente de Estados Unidos de Norteamérica

Franklin Delano Roosevelt, diría a su nación en 1944, durante los estertores de la Segunda Guerra Mundial, justo tras un párrafo laudatorio sobre las bondades del libre comercio, que:

> El derecho de toda familia a una vivienda digna; el derecho a asistencia médica adecuada y a la oportunidad de lograr y gozar de buena salud; el derecho a una vejez sin penurias, con protecciones ante la enfermedad, los accidentes y el desempleo; y, finalmente, el derecho a una buena educación. Todos estos derechos significan seguridad. Y después de que ganemos esta guerra, debemos estar preparados para avanzar, con la implementación de estos derechos, hacia nuevas metas de felicidad y bienestar humanos.[11]

Pero fue en la década de 1980 cuando todo empezó a girar rápidamente. Una hornada de académicos y políticos neoliberales formados, o inspirados, por las corrientes más conservadoras de la Universidad de Chicago, representados públicamente por Ronald Reagan desde la presidencia de Estados Unidos y Margaret Thatcher como primera ministra del Reino Unido, sentaron las bases de por dónde debía caminar el mundo en las próximas décadas hasta llegar a nuestros días y subsiguientes. Sabedores ambos mandatarios, y las cabezas en las sombras que los apoyaban y mantenían, de que la Unión Soviética, asfixiada por tener que mantener a todas las repúblicas socialistas que la componían y agotada ideológicamente,

11 No me negarás que suena un poquito rojo, y más si sale de la boca de un presidente gringo.

pronto sería cosa del pasado, como así sucedió el 25 de diciembre de 1991, no les tembló el pulso en comenzar a implementar medidas que a los movimientos obreros de sus naciones respectivas no les habrían de hacer ninguna gracia, por ejemplo, aumentar las tasas de interés, aumentar los impuestos sobre el consumo (lo que todos compramos necesariamente) y bajar todos aquellos otros impuestos relacionados con la producción, la renta personal o los beneficios de las empresas. Así reactivaron la vieja pretensión de Adam Smith de la no injerencia del Estado en el comercio[12] y propiciaron tanto su liberalización como la flexibilización laboral (que no es más que un eufemismo de precariedad de las condiciones de contratación laboral y facilidad de despido) además de, por supuesto, la privatización de lo público en beneficio del sector privado, escuelas, hospitales, transportes, servicios y todo lo que durante décadas había permitido la aparición y establecimiento de la *sociedad del bienestar*. Pero en contra de lo esperado, el mundo libre no ardió. Hubo manifestaciones, sí, pero no las que podrían haber sucedido en la década de los años treinta, cuarenta, cincuenta, sesenta o incluso setenta si estas medidas neoliberales se hubieran impuesto tal como empezó a suceder en los años ochenta. Algo había empezado a cambiar.

Cinco años después de la debacle soviética, en 1996, el Informe Petras sacó a relucir algo que no puede dejar de sonarnos brutalmente actual y demoledor:

---

12 Adam Smith dijo: «El comercio que se entabla de forma natural y regular entre dos lugares, sin coerción ni restricción, es siempre ventajoso para ambos, aunque no siempre en idéntica proporción».

> Aunque la calidad de vida de los jóvenes trabajadores [españoles] era mejor que la de sus padres mientras estaban creciendo, las perspectivas de futuro son mucho más negativas. Además, como les han mimado y satisfecho todos sus deseos de consumo, carecen del empuje y la iniciativa para cambiar su estatus. Más aún, cuando llegan a la edad adulta no hay modelo político ni movimiento que les atraiga. Ni tampoco sus padres les han provisto de un marco de referencia político para hacer frente a sus adversarios sociales y políticos.[13]

¿Qué pasó con la conciencia de clase? ¿Qué extraño sortilegio actuó sobre aquellas jóvenes generaciones, hoy padres y madres de los niños y adolescentes españoles, para que ya no sintieran la cohesión propia de una clase social oprimida por el capitalismo burgués? ¿Por qué todos tragaron, por qué aceptaron que sus hijos fueran a vivir peor que ellos sin protestar, sin salir a la calle, sin hacer huelgas y manifestaciones, sin forzar a dar marcha atrás a los políticos nacionales que sentenciaron el futuro de sus hijos al yugo del capital salvaje y globalizador? Y, más doloroso aún, ¿cómo es posible que un informe hecho hace más de 20 años en España, y aplicable a los jóvenes de todo el mundo desarrollado de aquel entonces sea tan perfectamente vigente hoy para las nuevas generaciones de jóvenes en Latinoamérica?

13 James Petras, sociólogo y colaborador de Noam Chomsky, desarrolló en 1996 dicho informe a petición del Centro Superior de Investigaciones Científicas dependiente del Gobierno de España. El Informe Petras fue publicado por la extinta revista *Ajoblanco*, pero jamás tuvo repercusión ni eco en el Gobierno que lo solicitó.

Las deudas siempre se pagan

La mejor forma para dividir, y con suerte enfrentar a la clase proletaria, a los obreros que deben sí o sí, como tú, esforzarse todos los días a cambio de vender su capacidad de producción a un tercero que tiene el dinero para pagarlo y se enriquece del resultado de la plusvalía[14] del trabajo de estos, fue absolutamente simple: hacerles creer que ya no eran proletarios, que ahora ellos también eran burgueses, o como nos gusta llamarlo ahora: *clase media*.

Las políticas neoliberales promulgaron, y siguen promulgando, que ya no existen los proletarios y que, de hacerlo, no son más

---

[14] En *El capital*, Marx explica: «Este incremento o excedente que queda después de cubrir el valor primitivo es lo que yo llamo plusvalía (*surplus value*). Por tanto, el valor primeramente desembolsado no solo se conserva en la circulación, sino que su magnitud de valor experimenta, dentro de ella, un cambio, se incrementa con una plusvalía, se valoriza. Y este proceso es el que lo convierte en capital».

que una fuerza bruta, miserable y fácilmente manipulable.[15] Que lo que existen son diferentes clases medias y ganes lo que ganes, a menos que estés realmente jodido, seguro que encuentras tu rubro de «clasemediero» perfecto para, una vez situado ahí, señalar al desgraciado del vecino, o incluso a tu propio compañero de trabajo, como alguien que no goza de tu estatus, porque eres clase media y, claro, desde ese momento cualquier política que favorezca a las clases medias será vista magníficamente ante tus ojos. Cualquier partido político que abogue por la defensa de los derechos de los trabajadores y la restricción de privilegios de las clases medias será poco más o menos que un demonio comunista-populista que viene a destruir tu maravilloso modo de vida, aunque en realidad estés muy lejos de ser esa clase media a la que crees pertenecer. Es fácil de entender, ¿no? Y así, de un plumazo, se hace añicos la conciencia de clase que tenía, en su propia denominación, su fuerza efectiva.

> Pero el asunto va más allá de la desigualdad. En la raíz de la demonización de la gente trabajadora está el legado de una au-

15 En 1975 el jurista español ultraconservador doctor Gabriel Alférez Castellón publicó en la *Revista de Estudios Políticos* el artículo «El proletariado como protagonista de la revolución: fin de un mito», un texto casi panfletario que hacía eco de los viejos recelos sobre el movimiento obrero y recogía las líneas argumentales que desde el neoliberalismo estaban siendo esgrimidas para dividir y hacer desaparecer el sentimiento de clase proletaria. No dejes de observar que estas líneas que ahora te referencio se publicaron en 1975, faltaba más de una década para la caída del muro de Berlín y el posterior fin de la Unión Soviética. «La clase obrera jamás ha actuado como clase dirigente, sino como clase dirigida y manipulada por los intelectuales. No existe un espíritu especial y unos objetivos típicos del proletariado, como ocurre con frecuencia entre los intelectuales de clase media. Su aspiración es dejar de serlo, y convertirse, tanto intelectual como económicamente, en burgueses».

> téntica lucha de clases. El ascenso al poder de Margaret Thatcher en 1979 marcó el comienzo de un asalto total a los pilares de la clase trabajadora británica. Sus instituciones, como los sindicatos y las viviendas de protección oficial, fueron desmanteladas; se liquidaron sus industrias, de las manufacturas a la minería; sus comunidades quedaron, en algunos casos, destrozadas y nunca más se recuperaron; y sus valores, como la solidaridad y la aspiración colectiva, fueron barridos en aras de un férreo individualismo. Despojada de su poder y ya no vista como una orgullosa identidad, la clase trabajadora fue cada vez más ridiculizada, menospreciada y utilizada como chivo expiatorio. Estas ideas se han impuesto, en parte, por la expulsión de la gente de clase trabajadora del mundo de la política y los medios de comunicación.
>
> Owen Jones

Pronto, diferentes nuevas categorizaciones de clases medias se vieron obligadas a convivir en los mismos espacios, como lo hacían antes como proletarios, porque es lo que eran y son, y si realmente en algo cambiaron, fue tan solo a peor. Pero ya no se veían, ni se ven, reflejados como iguales entre ellos mismos, no sienten a su vecino o compañero como a alguien afín, ya no confían los unos en los otros, porque el miedo y el recelo a perder ese estatus ficticio o a ser señalado como inferior es mayor que los posibles beneficios, puestos ahora en duda, de la convivencia entre semejantes. ¿Recuerdas aquello que hablamos al principio del *problema del Otro*?

> Cabe preguntarse si el hombre del progreso ha dominado al mundo o lo ha destruido. La degradación continúa: «ello» es un objeto que se usa y se tira. Lo «otro» al final es una basura molesta, acusadora, que no se sabe cómo disimular. La cosificación del «tú» es la mayor degradación de la existencia humana. Es una esclavitud sin cadenas, el cinismo más descarnado revestido de mojigatería.
>
> Amancio Sabugo Abril

Los productos de mercadeo para clases medias se han multiplicado hasta lo absurdo desde entonces; casas, coches, tecnologías, clubes, etc., símbolos todos para aparentar estatus. Igualmente tuvo que aumentar hasta lo ridículo la necesidad de endeudarse para poder aspirar a lo que crees merecer. Todo esto es aún más sangrante cuanto mayor es el engaño, engaño que nadie quiere ver porque a todos nos encanta que nos digan que somos más inteligentes y felices de lo que en verdad somos; más aún si después nos podemos comparar con el vecino, a quien nosotros mismos nos impedimos conocer realmente, por la necia pretensión de ser mejores que él. Pero claro, hay países como Noruega que lo han tenido mucho más fácil, no tuvieron que mentir y enmascarar cifras y estándares tan descaradamente como otros muchísimo más jodidos y polarizados, por ejemplo México.

Tener el mundo a un golpe de vista desde la televisión de los años ochenta, o ahora desde internet, obligó a un sistema económico, que ya no entendía de espacios geográficos más que para su interés, a tener que trazar estrategias de maquillaje ideológico en el ámbito global. Así que todos nos convertimos en clases medias, desde Europa hasta América, en poco más de 25 años. Todos subimos en la escala aspiracional individualista como a quien pasan de clase turista a *business* por azar en un avión y todavía cree, el muy imbécil, que se lo merece.

Si te puedes comprar una Big Mac,[16] sin duda eras y eres clase media; ¡claro que sí!

Clase social	Mensual personal	% de la población
	México 2015[17]	
Situación de pobreza[18]	menos de 2 542 MXN	46.2
Media	más de 3 172 MXN	25
Media superior	más de 6 344 MXN	10.2
Media alta	más de 15 860 MXN	18.8
	Noruega 2015	
Situación de pobreza	menos de 41 500 MXN[19]	11.9

16 En el periódico *El País* leí: «El "Big Mac Index", desarrollado por *The Economist* en 1986, compara el poder adquisitivo de los países en función del precio de la popular hamburguesa. Bob Madbob».

17 Fuente el Centro de Estudios Pew, 2015.

18 Coneval, 2014.

19 El dato para 2015 de umbral personal de pobreza en Noruega era 24 890 euros al año, o lo que es igual, aproximadamente 41 500 pesos mensuales. Hay que recordar que 52 269 euros era el dato anual por hogar con cuatro miembros, pero el dato personal no es en ningún caso la división por cuatro.

Si aún eres reticente y no te salen las cuentas, deja que refuerce el cuadro anterior con una de esas fuentes de referencia «fiables» cuando hablamos de capitalismo neoliberal, a ver si difieren mucho unos datos de otros:

> La OCDE presentó la calculadora ¿Perteneces a la clase media? en la que se debe de ingresar el país, número de miembros de la familia e ingresos (en moneda nacional).
>
> En México los ingresos medios mensuales de un hogar de dos personas son de 7 128 pesos, por lo que, si tiene ingresos entre 5 346 y 14 256 pesos, pertenece a la clase media (según la metodología de la institución).
>
> Tener ingresos iguales o mayores a los 14 257 pesos te ubicaría en la clase con mayores ingresos del país, al que pertenece el 19% de la población.

Me imagino que ahora mismo estarás intentando encontrar una idea que te alivie, que te dé un respiro y esta será que, claro, en Noruega el coste de la vida es infinitamente más caro y por ende, se tiene que ganar mucho más que en México y de ahí la diferencia astronómica. Aunque parecería un argumento lógico, deja que te muestre algunos datos muy concretos, a ver si somos capaces de ver la correlación entre el costo de la vida y la diferencia de ingresos.

Insumos/servicios	México	Noruega[20]
Leche 1 litro	1.03 EUROS / 22.2 MXN	1.91 euros / 41.3 MXN
Arroz 1 kilo	1.25 euros / 27 MXN	2.72 euros / 58.7 MXN
Docena de huevos	1.50 EUROS / 32.3 MXN	3.70 euros / 80 MXN
Internet (50Mbps, tarifa plana, Cable/ADSL)	25 euros / 539 MXN	51.41 euros / 1 100 MXN
Renta departamento de tres habitaciones centro ciudad	750 euros / 16 184 MXN	1 789 euros / 38 617 MXN

¿Lo estás viendo? Puede que algunos precios se dupliquen, tripliquen o lleguen a quintuplicarse de un país a otro, pero en ningún momento se multiplican por 20, como sí es el caso del ingreso mensual que evidencia quiénes son los más desfavorecidos, esos a los que por compasión llamamos en riesgo o situación de pobreza en «oposición» a los que ahora llamamos *clases medias*, con todas sus subsiguientes divisiones fantasiosas. Y, aun así, a pesar de todos los esfuerzos de maquillaje y posibilidades de endeudamiento, en 2018 el número de latinoamericanos pobres y en pobreza extrema ascendía a 244 millones, pero, claro, como era de esperar, después de la pandemia ya no hay forma de maquillar nada.[21]

---

20 Puedes entrar tú mismo en Preciosmundi.com y consultarlo. Esta tabla es según los datos que arroja en junio de 2022; obviamente el cambio de moneda influye mucho, pero aun así te da para darte un buen quemón.

21 Datos de la Comisión Económica para América Latina y el Caribe, *Panorama Social de América Latina*, publicados por *El Economista* el 27 de enero de 2022.

Tasa de pobreza extrema en América Latina aumenta a 13.8% tras COVID-19: CEPAL.

Me dirás que, a pesar de todo, las cifras totales se han mantenido, que cada vez hay menos pobres si lo comparamos con años anteriores y el lógico incremento poblacional; tienes razón, pero aun así no te enteras. Podremos rebajar las expectativas de ingresos económicos para ir reduciendo los «pobres estadísticos» y generando falsas clases medias cada vez más precarias, pero no al punto de hacer desaparecer a los que sufren de extrema pobreza, los jodidos de necesidad, y estos, lejos de desaparecer o menguar, no paran de crecer. Te recuerdo que cuatro de cada 10 personas nacidas en esta parte del mundo, para que lo tengas más claro si cabe, saben que son pobres ahora mismo, pero no olvides que de esos seis restantes privilegiados que creen haberse salvado de ser señalados como pobres, casi todos viven engañados, creyéndose ser algo que realmente no son.

No estaría mal que de vez en cuanto te repitieras, como un nuevo mantra, «no soy clase media, soy clase trabajadora y estoy igual de jodido que mi vecino», así lo mismo con un poco de suerte no te dolerá tanto el día que la realidad te golpee por derecho. Porque eso de creer que, si lo deseas mucho, el cosmos te concederá todos tus deseos, que los límites los marcas tú o que todo lo que sueñes puede cumplirse cada vez se parece más a un cuento infantil o a una tomadura de pelo de muy mal gusto, ¿no es cierto?

Te avisé que podía ser perturbador, y un poco largo, aunque te aseguro que he intentado hacerlo lo más corto posible, porque no es de bien nacidos ensañarse con el sufrimiento ajeno.

Sé que no habrán de faltar hoy los conspiranoicos que crean ver en las estelas de los aviones cómo nos están fumigando para cambiar el clima o volver estéril a la población, terraplanistas, ufólogos, antivacunas, plandémicos covidiotas, etc. No sé si ya te diste cuenta de que todas estas estupideces vienen juntitas, y quien compra una suele llevar de regalo todas las demás. Pero aunque las haya de todos los gustos y colores, nadie denuncia esta confabulación mundial para erradicar la tan peligrosa «conciencia de clase», mediante la cual se generan fantasiosas clases medias que repudian inmediatamente a aquellos a los que por arte de magia creen inferiores. La extinta conciencia de clase fue una de las pocas herramientas que, junto con la educación y el pensamiento crítico, demostraron un poder real y cuantificable para mejorar las condiciones de vida de cientos de millones de personas. Y aun así es posible que hoy lo niegues, cosa que podría no estar tan mal, pues la negación es la primera de las fases de un duelo que debería acabar con la aceptación de esta realidad develada y una nueva postura por tu parte ante las cosas, pero no siempre es tan fácil y me dirás: **«¡¿Y por qué mejor no intentamos ser como los noruegos?!».**

E se os brasileiros quiserem ser como os noruegueses?[22]

No todos los países tienen petróleo, estarás pensando, y el milagro noruego sin petróleo carece de sentido, y tienes mucha razón. Pero otros países, como Brasil, tienen otros recursos naturales de gran valor comercial, como la madera o el agua. Imagina que Brasil decidiera sustentar su crecimiento nacional, su nuevo poderío económico y su posibilidad de un futuro asegurado e independiente, al igual que Noruega, creando el Fondo Maderero de Brasil, esto es, nacionalizando toda la explotación de este recurso natural tan preciado y capitalizando los beneficios de este para reinvertirlo y generar prosperidad y seguridad, a la par que acaban de una vez por todas con la tala clandestina que corta árboles y vidas de indígenas por igual.

22 «¿Y si los brasileños quieren ser como los noruegos?». Traducción del portugués al español según Google.

> La deforestación de la Amazonia brasileña ha alcanzado niveles muy preocupantes a lo largo de este año 2021. Además, el pasado año la pandemia tampoco dio tregua y se perdieron 2.3 millones de hectáreas del total de superficie de bosques amazónicos, lo que supuso su tercer peor registro. A pesar de los datos, Jair Bolsonaro continúa calificando la cuestión medioambiental de la Amazonia como «la misma bobada de siempre».

Claro, ya te estarás llevando las manos a la cabeza, **«¡Vico!, ¿estás proponiendo acabar con el pulmón verde del planeta a cambio de que los brasileños tengan... un futuro asegurado?».**

La pregunta en sí es una bola de controversias y sentimientos enfrentados, ¿verdad? Pero no te angusties, que ya la han contestado por ti y por mí; yo solo voy a darle una vueltecita.

Primero, tienes razón, pero no tanta. La reserva biológica del Amazonas es uno de los pocos reductos masivos de flora y fauna del planeta, un paraíso que todos asumimos como propio, aunque no sea así; pero no es el pulmón verde, no es el principal productor del oxígeno que respiramos. Este privilegio lo ostenta el fitoplancton marino con 70% de la producción planetaria de este gas tan vital para nuestra existencia. Y parece ser que seguirá siendo así, al menos por unos cuantos añitos más, hasta que el calentamiento del agua de los océanos lo mate de inanición. De hecho, desde 1950 hasta la fecha se ha reducido 40% su presencia en las aguas del hemisferio norte, con una reducción de 1% anual. Pero ya hablaremos de esto en otro momento, si es que seguimos respirando.

Esta posibilidad hipotética de que un país decida medrar a costa de esquilmar hasta los tuétanos sus propios recursos naturales, te recuerdo, por si no lo tienes demasiado fresco en la memoria, no sería ni la primera ni la única vez que se asumiera este insano costo para lograr prosperidad. Aún hay zonas de Cantabria, el País Vasco, o Castilla y León, en España, donde están intentando recuperar los bosques talados que sirvieron para construir los miles de barcos de la armada encargada de conquistar y garantizar la seguridad de las rutas comerciales de las tierras de ultramar durante los años del imperio. En el Reino Unido el coste de la Revolución Industrial, que se basó en el auge atroz de la minería y la metalurgia, se traduce hoy en la contaminación por metales pesados de las cuencas fluviales y los mantos freáticos de la isla, sin hablar de la acidificación de la turba que en regiones del norte como Bleaklow es más ácida que el jugo de los limones. Los británicos son conscientes de que no solventarán estos problemas, por mucho empeño que pongan, hasta dentro de 150 años, si bien les va.

Estos fueron algunos de los costes que han debido asumir estas naciones, junto con la lucha obrera, para poder llamarse hoy primer mundo y para gozar de seguridad social gratuita y universal, educación pública de calidad, garantías sociales y disfrutar del cada vez más depauperado Estado de bienestar. Pero que un país del tercer mundo se atreva a hacer algo similar con sus recursos naturales hoy en día es populismo demagógico, es un ecocidio de dimensiones planetarias y será de inmediato vetado y sancionado a propósito, o tan solo se saboteará al régimen político que lo proponga; a menos, por supuesto, que favorezca directamente a un tercer país del hemisferio norte o que lo hagan los noruegos. Así que no te preocupes, tranquilo.

El triángulo del litio: 3 obstáculos que enfrentan Argentina, Bolivia y Chile para escapar de la «maldición de los recursos naturales».

Estos recursos naturales de «países en vías de desarrollo» seguirán siendo explotados por las mismas empresas extranjeras del primer mundo que siempre lo han hecho, con lo cual generan, ¡faltaría más!, el mismo daño medioambiental o quizá aún más, que el que pudieran producir los Gobiernos de estos países en vías de desarrollo obligados a tener contentos a sus votantes con la esperanza de ser reelegidos, cosa que lógicamente a estas corporaciones transnacionales les importa un pito, porque ya sobornaron a quienes debían y pagan aún mejor a los medios de comunicación locales y nacionales por su silencio informativo. Así que seguirán explotando salvajemente a la población autóctona y desposeyéndola con impunidad de sus tierras y raíces culturales, y, de paso, librándonos de regímenes populistas elegidos tan democráticamente o más como en el del país en el que vives; a menos que me leas desde Corea del Norte, China, Gambia, Laos, Emiratos Árabes Unidos, Cuba y la lista sigue...

¿De verdad que necesitas un ejemplo para empezar a dudar?

Te dejo este apunte: Quizá no lo sepas, pero el teléfono inteligente que traes en el bolsillo necesita del coltán, igual que el resto de los dispositivos electrónicos portátiles que tanto presumes o anhelas tener, para funcionar tan maravillosamente como lo hacen. El coltán es un mineral que se usa para los componentes clave de todos estos aparatos, y muchos otros más, ahora que el *internet de las cosas*[23] se

---

23 Este nuevo concepto tan de moda alude a la posibilidad de interconexión de diferentes objetos entre sí, y no necesariamente con los seres humanos, a través de internet para, por ejemplo, reducir los *stocks* en las fábricas, controlar el tránsito de mercancías y su caducidad en el ámbito global, o controlar nuestra casa o coche de manera remota. Algunos han visto en este fenómeno el motor de una cuarta revolución industrial; otros, el mejor sistema de vigilancia, manipulación y control del mundo.

está convirtiendo en tendencia. Pero resulta que donde se localiza 80% de las reservas de coltán del mundo es en la siempre convulsa República Democrática del Congo, donde más de 5 000 ingenios mineros se afanan por sacar el mineral de las entrañas de la Tierra. Claro que tan solo 140 de estas minas son legales y pueden comercializar el producto con todas las garantías internacionales, pues han demostrado que no están al servicio de ninguno de los 120 grupos paramilitares que controlan la explotación de las otras 4 860. Esto es, no usan a niños como trabajadores y aún menos fuerzan a trabajar a los mineros. Pero en las otras minas, esas que siempre consiguen que su coltán acabe formando parte de tu precioso teléfono o tableta, trabajan más de 40 000 niños durante 14 horas diarias, por un euro el jornal, si tienen suerte. En los últimos 10 años, empujado por el auge cibernético y la proliferación de todo tipo de *gadgets* electrónicos, el número de víctimas en la guerra por el coltán en el Congo asciende a cinco millones de personas, pero te aseguro que muy pocas veces oirás hablar de esto, a menos que lo busques después de haber leído estas líneas.

Disfrutamos a costa de quien no sabe cómo pasar de mañana

Por eso no tienes de qué preocuparte si mañana un líder populista decide hacer algo semejante a lo que hicieron los noruegos, aunque sean los legítimos dueños de las mayores reservas petrolíferas del mundo, o de cobre, o litio, o diamantes, oro, agua potable, ¡da igual! Porque al primer intento de independencia económica real haciendo uso de sus propios recursos nacionales recibirá una dosis brutal de realidad global. Serán el chivo expiatorio, el objeto mediático para infundir miedo ante cualquier intento de cambio realmente progresista, desde el anhelado primer mundo hasta el incómodo y siempre inestable tercero.

«¡Cuidado o acabaremos como...!» se oirá en todos los noticieros televisivos, en los grupos de mensajes de telefonía móvil, en las redes sociales, vivas donde vivas. ¿Te suena la cantinela? Es como aquel cuento donde el pastorcillo que, para divertirse a costa del miedo de los vecinos dueños del rebaño que pastoreaba en el monte, les gritaba todos los días que venía el lobo a comerse las ovejas. Hasta que realmente vino el lobo y los vecinos, cansados de acudir en vano a ayudar al mocoso impertinente, decidieron no ir a socorrerlo porque creyeron que era otra vez mentira. Entonces el lobo se comió a las ovejas y también al pastorcillo. Aquí el lobo tiene cara y nombres, banderas con estrellas blancas o amarillas, con fondos azules o rojos, logotipos comerciales fácilmente reconocibles o corporaciones que cotizan en bolsa tras siglas que el común de los mortales desconoce y, como a esbirros descerebrados, tienen a los medios de comunicación bien pagados y capaces de convertir el plomo en oro y el oro en deuda, mientras te atiborran de cacahuates como a un mono de circo amaestrado. Pero cuidado, que estos lobos no se conforman con comerse al rebaño y al pastor; aquí, menos ellos, todos peligramos.

Sé que te cuesta aceptarlo, aunque no es la primera vez que oyes cosas así, pero siempre estos horrores los has percibido lejanos y desenfocados, porque nos han vendido, por ejemplo, que ya no hay esclavos en el siglo XXI, más que los miles de millones de personas que, como tú y como yo, vivimos encadenados a las demandas «lógicas» de una sociedad capitalista y que, si tenemos suerte, podremos trabajar de ocho a 12 horas al día hasta que nos merezcamos esa ansiada jubilación con la que tan pronto empezamos a soñar, si es que sobrevivimos para verlo. Pero aunque algunos documentales y películas independientes te muestren casos aislados de sometimiento y enajenación de personas, siento decirte que no son tan aislados como quieres creer. Las cifras están ahí para quien quiera y sepa buscarlas. La Organización Internacional del Trabajo cifra el número de «esclavos modernos», o sea, personas que trabajan de manera forzosa u obligatoria bajo coacción, en 24.9 millones. A esa cifra hay que añadirle 15.4 millones de personas obligadas a contraer matrimonio de manera forzosa. Y es que a alguien a quien no se le da la opción de decidir con quién debe acostarse, procrear o emparejarse el resto de los días de su vida, si así lo llegara a desear, no puede dejar de llamársele esclava, se mire como se mire y, por si lo dudabas, en este juego la mujer, nuevamente, es la gran perdedora.

Mientras lees estas palabras, 40 300 000 personas no son dueñas de sí mismas, pertenecen a otros, a particulares, empresas, grupos armados, cárteles de la droga, gobiernos despóticos o mafias de trata de personas, y no saben qué será de ellas mañana, si es que existiera ese mañana. Seguramente, intentaremos relativizar la cifra, porque pareciera que de alguna forma así se tranquiliza nuestra conciencia y, en definitiva, 0.53% de la población mundial no parece tanto, y más si vive lejos de donde estás. Pero imagínate que mañana nos despertamos con la rocambolesca noticia de que una fuerza de ocupación extraterrestre ha sometido y convertido en ganado para su propio provecho a la población de Suecia, Dinamarca, Finlandia, Noruega, Bélgica, Estonia, Letonia, Luxemburgo e Islandia... ¿No te cagarías de miedo inmediatamente? Pues te aseguro que es mucho más probable que seas esclavizado por un humano o un grupo de ellos antes que por nuestros amigos imaginarios del otro rincón del universo. Más si tu color de piel se aleja del blanco lechoso, tan propio de los países del norte y este de Europa, como es el caso más que obvio y evidente de 85% de la población mundial.

Es monstruoso, sí, pero aún creo que lo es más cuando entendemos que todos estos millones de personas son degradadas en la escala animal hasta solo ser tasadas por su fuerza física o por el peso de su carne, para que otros tengan a una mujer joven y lozana con la que acostarse y partirle el lomo trabajando hasta que la muerte los separe; para que algunos asquerosos ociosos tengan unos cuantos kilos de carne infantil de la que abusar sexualmente pagando unas pocas monedas a sus proxenetas en la noche, mientras de día suben fotos a Instagram de playas paradisiacas, elefantes domesticados y tigres drogados. Es monstruoso que esto pase para que los países ricos tengan droga en abundancia, para que tengamos teléfonos de última generación en los bolsillos, ropa de las mismas marcas en todos los centros comerciales del planeta, zapatillas deportivas más ligeras y ergonómicas, u otras trivialidades, como chocolates o cafés franquiciados de consumo diario. En definitiva, para que podamos disfrutar del merecido beneficio del esfuerzo de nuestro trabajo y sentirnos bien, debemos apartar la mirada cuando nos recuerdan que una de cada 200 personas del planeta es esclava, y eso que no estamos hablando de las condiciones laborales de las otras 199... por ahora.

¡Champán para todos!

Pero si vamos a ser dioses inmortales, ¡podremos hacer todo lo que queramos!, como dominar la materia, el clima o nuestros propios sentimientos con los implantes cibercuánticos de nuestro cerebro; ¡podremos aprender a hablar finés con un injerto de memoria o compartir el mundo con nuestros bisnietos y tataranietos! Pero ¿de qué me estoy quejando? ¡Pronto todos nuestros problemas se habrán acabado! Desde luego, quien no se conforma es porque no quiere... El sueño de la globalización y de la promesa de que la tecnología alejará indolentes alguno de esos demonios de los que ya hemos hablado es un idílico mundo de igualdad y justicia para todos, donde disfrutaremos de un planeta en el que tendremos los mismos derechos y oportunidades, y solo tendremos que preocuparnos de ser cada día más felices, mientras los robots trabajarán sin descanso por nosotros.

Ahora vamos a hacer otro esfuerzo y a imaginar, nuevamente, que me he creído toda esta sarta de ingenuidades que he escrito, hasta este último punto y aparte.

Pensar en un futuro así de optimista y halagüeño es posible si directamente nos dejamos caer en él, como quien ve una película de ciencia ficción sin cuestionarse nada, sin imaginar los pasos necesarios para llegar ahí. Tal cual dando un salto de fe. Ese futuro, a menos de 100 años, requeriría una transformación social, política, económica y tecnológica del orbe planetario tal como para que todos los países en vías de desarrollo hoy se equipararan con los países más avanzados y así, en comunión, pudieran todos disfrutar juntos de la buena vida. Suena bien, no me cabe duda, y ya una vez en el Mundo de Oz, todos los problemas medioambientales, de alimentación, guerras, desigualdades sociales y demás cosillas del pasado quedarían como eso: cosas del pasado, gracias al milagro de la ciencia y la tecnología. Pero para llegar de manera realista a ese punto habría que partir del aquí y ahora. Lejos del dramatismo de las cifras ya expuestas en capítulos anteriores, y del veto que las grandes potencias ponen al desarrollo de otros países, porque precisan de sus materias primas y del trabajo de su mano de obra barata para mantener el alto nivel de bienestar que ostentan —como hemos visto en el caso noruego—, pensemos en la escalada colosal que tendrían que hacer los países del tercer mundo para equiparar su nivel de vida (entendiendo aquí todos los factores mencionados) al de los países que están hoy a la vanguardia actual del mundo y que lógicamente encabezan ese sueño de futuro. Y ya que estamos imaginando, supongamos que hasta el primer mundo cambia su esencia fundamentalmente egoísta y los ayuda en pro de un futuro mundo feliz.

Hoy en día Estados Unidos de América, por usar el referente típico internacional, es el causante de 15.99% de los vertidos de dióxido de carbono a la atmósfera, o lo que es igual, cada ciudadano estadounidense puede estar adjudicándose al año la producción de entre 15 y

20 t de este gas, que es el principal causante del efecto invernadero que repercute por igual desde Arkansas hasta la Polinesia. A esto se le llama, como sabes, *huella de carbono*, y no, los hijos del Tío Sam no son los que arrojan los datos más altos en este indicativo; Catar, Kuwait, Emiratos Árabes y Australia están en los primeros puestos. Pero sigamos usando el mismo ejemplo por ser este país, aunque quizá por poco tiempo, la primera potencia industrial y comercial del mundo, y el sueño de prosperidad de muchos otros. Estados Unidos de Norteamérica es el tercer país en consumo mundial de agua, solo por debajo de China y la India, a pesar de tener mucha menos población que los gigantes asiáticos. Es el primer país productor de electricidad y consumidor de petróleo y de carne roja también. Además es el segundo país en consumo energético y en número de mujeres y hombres obesos, igualmente en ambos casos por debajo de China. Sí, China, ¿o creías que los males de esas clases medias de las que ya hemos hablado solo iban a atacar a México?

Así que visto lo visto, y solo observando unos cuantos indicadores muy concretos, si todos los habitantes de la Tierra disfrutáramos hoy del «American way of life»,[24] teniendo en cuenta el estudio de la huella ecológica de cada ciudadano de este país (la huella ecológica es el resultado del impacto medioambiental per cápita y la capacidad de regeneración del planeta), necesitaríamos 4.6 planetas Tierra para soportar la carga y la explotación de todos sus posibles recursos y, claro, no morir asfixiados entre nuestras basuras y gases venenosos. ¿Lo has entendido bien?

---

24 Esta frase hecha tan recurrente se puede traducir como «Modo de vida americano (de Estados Unidos de Norteamérica)».

Repito: siendo superoptimistas, y partiendo de un cambio de moral del primer mundo a favor del resto de países en vía de desarrollo, para equipararse ambos en el lado positivo de las gráficas de bienestar y calidad de vida, y sin tener en cuenta que estas cifras tenderán a aumentar en igual medida que aumenta la población y las políticas de protección ecológicas quedan en un segundo plano, y recordando que el futuro Olimpo de los humanos se presume a partir del año 2100... Repito: para conseguir que todos los habitantes de nuestro mundo se conviertan en dioses en poco menos de 100 años, vamos a necesitar crear y anexionarnos, de la nada, no cuatro Tierras y media más, sino tantas como sea necesario a medida que nos acerquemos a los 11200 millones de seres humanos o, de lo contrario, moriremos todos muchísimo antes. No te precipites, porque aún no estamos hablando de colonizar las estrellas, eso se presenta aún mucho más ideal y onírico a la luz de lo que estamos hablando.

Creo, humildemente, que no estamos para brindar por un futuro así. Pero no te preocupes, porque el supuesto fundamental de esta fantasía argumentativa, la de que los países primermundistas permitieran y hasta apoyaran el desarrollo de los más desfavorecidos, no sucederá jamás, o por lo menos no está previsto y, de darse un futuro parecido al descrito en el primer párrafo, será obviamente disfrutado por los herederos de los que hoy ya viven a cuerpo de rey y no han de preocuparse, como tú y yo lo hacemos, de cómo sobrevivir un día más en esta jungla sin enloquecer de desesperación. ¿O a ti no te pasa? ¿Acaso todavía crees ser de ese selecto grupo?

El futuro, de existir, solo será bueno para unos pocos

No te engañes. La sensación plenipotenciaria de la que gozas cuando posteas algo en tus redes sociales desde el baño mientras haces tus necesidades, o pides un Uber a la salida de un aeropuerto vestido con tus mejores galas, o compras un reloj *vintage* por eBay a un vendedor de la India desde la terraza de algún restaurante franquiciado no es más que un espejismo del mundo al que crees tener derecho a pertenecer, una proyección de tu yo virtual interactuando en el mundo de Alicia. Pero no deja de ser una fantasía en la que aparentemente no hay diferenciación de clases, ni razas, ni sexos; un mundo perfecto y primorosamente diseñado donde crees que eres dueño de tus decisiones, de lo que compras o de lo que vendes, y de lo que pretendes proyectar como avatar de tu yo real, ese que tanto anhela parecerse a tu yo virtual, el que siempre se está divirtiendo, de viaje, de fiesta, comiendo sabroso o repitiendo ideas brillantes y ocurrentes, aunque sean de otros. Pero hay cosas que a lo mejor nunca te han dicho.

Podrás entrar en Booking, o cualquier otro portal de viajes, y comprarte unas cuantas noches de hotel caro en París, Singapur o

La Habana. Pero si fueras rico sabrías que para comprar esas noches de hotel realmente exclusivas, las caras de verdad que tanto te gusta ver por internet, ningún buscador de hoteles te servirá. Esos caprichos los gestionas con una persona que está a tu servicio las 24 horas del día, los 365 días del año, como servicio prémium de tu tarjeta de crédito habitual y que obviamente también te reservará el vuelo en primera clase, si es que está demasiado lejos para ir en tu avión privado, ¿o es que existe otra forma de viajar? Podrás entrar en las páginas de las marcas de coches que más te gustan y divertirte con el programa de personalización, incluso calcular las mensualidades a pagar y, si me apuras, encargar una prueba de conducción. Pero si fueras rico sabrías que tienes que ser más paciente, concertar una cita con el concesionario, acudir y «customizar» tu unidad, pagar una estúpida cantidad de dinero como adelanto y, cuando llegue tu juguetito, varios meses después de encargarlo, liquidar el resto antes de la entrega, que fácilmente será en la puerta de alguna de tus propiedades, si así lo deseas. Si fueras rico, pero rico de verdad, sabrías que las casas no se encuentran en portales inmobiliarios, ni tampoco se compran con hipotecas o créditos; le encargas la adquisición a tu gestor financiero, la remodela tu arquitecto, la amuebla tu equipo de diseñadores y la hace habitable el servicio doméstico. Mientras, tú te dedicas a cosas mucho más importantes. Y así suma y sigue en un modo de vida que a los pobres mortales que nos creemos clase media nos es imposible de entender y creemos pura fantasía, lo cual nos deja siempre cortos ante una realidad que jamás disfrutaremos.

Si crees que esto no es más que una exageración, sigue leyendo.

Siempre hubo y habrá ricos y pobres, pero la sensación de ser rico se estimula cuando la separación entre ambos se oculta a interés siempre del que te quiere vender algo, como ya te expliqué dolorosamente. Y si además nos colgamos de internet para nuestras compras, informarnos o formar nuestro criterio, las realidades adquiribles, o sea las ofertas, nos aparecerán maravillosamente seleccionadas según nuestro potencial adquisitivo, cuantificado de forma previa por toda la información que regalamos cada vez que navegamos desde nuestro navegador de confianza o nuestras redes sociales. Así que siempre tendremos la sensación de que «lo mejor» no está tan lejos de nuestro alcance y que si me esfuerzo (endeudo) un poquito podré conseguirlo. Puedes entrar en la sala VIP del aeropuerto y vivir la experiencia de la clase privilegiada si consigues sacar una buena tarjeta de crédito, de esas que se pagan cómodamente en tres, seis o 18 meses y que ni siquiera sabes la tasa real de interés que soportas. Si eres paciente, una vez cada cierto tiempo te puedes permitir cenar en ese restaurante que sale en tantos documentales de sibaritas y comida gourmet. A seis años, lo mismo puedes permitirte un buen coche y 30 años es un plazo justo para tener tu casa con antena parabólica y banda ancha, tan vital en estos días. Pero no es verdad, la diferencia entre ricos y pobres ha sido siempre abismal y lo sigue siendo, a pesar de que ahora se nos oculte para no hacernos sentir tan miserables y para que, engañados, sigamos aparentando lo que creemos ser y sigamos desconfiando, cada vez más, de nuestros iguales, a los que cada vez vemos más como diferentes, como lo otro.

El 14 de abril de 1912 el trasatlántico *RMS Titanic* se hundió en el Atlántico Norte; llevaba 2 787 pasajeros divididos en tres clases económicas, primera, segunda y tercera. ¿Cuál crees que te podrías comprar hoy? Los pasajes de primera clase costaron entre 113 y 512.3 libras esterlinas de la época (de 3 479 a 15 845 dólares actuales); los de segunda, 75 libras (2 311 dólares de hoy en día), y los de tercera, de 30 a 70 libras (entre 548 y 1 286 dólares). Ya estás haciendo tus cuentas, ¿verdad? Lo que se me olvidó decirte es que hubo quien pagó algo más. El pasaje más caro costó 2 560 dólares de la primera década de siglo XX, aproximadamente 61 000 dólares actuales, y, por supuesto, no fue una de las víctimas mortales del hundimiento... ¿Aún no ves por dónde voy?

Es posible que en el futuro tengamos los adelantos científicos que nos posibiliten vivir cómodamente aun en las peores condiciones medioambientales. Quizá ya se esté desarrollando la tecnología que nos permita ser inmortales y gozar de la eterna juventud. Es muy probable que el señor Kaku tenga razón y podamos ser dioses en menos de 100 años, capaces de hacer cosas que hoy ni las mentes más imaginativas de Hollywood son capaces de vislumbrar. Pero ni tus hijos ni tus nietos podrán beneficiarse de nada de esto. Solo los que puedan pagarlo podrán gozar del privilegio de vivir más y mejor, como siempre. Por eso, créeme si te digo que no es muy descabellado pensar que, seguramente, algunas de estas futuras deidades multimillonarias ya hayan nacido o estén a punto de hacerlo y tengan nombres y apellidos propios.

¡Duele saber que nuestros hijos y nietos no serán los elegidos!, ¿verdad? Que el hambre, la sed, el calor sofocante o la asfixia puedan ser el final de nuestros descendientes es algo que con solo pensarlo nos puede revolver las tripas y hacernos vomitar. Pero si esto sirve para hacerte un poco más consciente de la realidad de tu propia vida, algo estaré haciendo bien.

Te da miedo y asco pensarlo, lo sé, porque sabes que no estás haciendo nada para impedirlo y, aunque no lo reconozcas, sabes también que en la parte que te toca eres culpable de que esto acabe así.

Porque, dime, con el corazón en la mano, ¿cuánto tiempo has dedicado en los últimos años a trabajar de forma activa por asuntos públicos?, ¿por cuestiones que quizá no te afectan directamente, pero que son importantes para el bienestar de la mayoría? No te tortures, no eres la única persona que se olvidó de que los problemas de los demás son comunes para todos y que solos no podemos prosperar ni ser felices. Que a menos que trabajemos desde el nosotros en arreglar todos esos problemas no hay nada que hacer, más que enterrar la cabeza, para no ver y no oír. Y así nos va.

Los griegos sabían de esta condición egoísta, individualista y estúpida de algunos seres humanos. A los que actuaban así y no se preocupaban de los asuntos públicos como única posibilidad real para poder ser felices los llamaban *idiotas*.[25] Quizá, con cierto rubor, ya nos hemos dado cuenta algunos académicos y estudiosos de cómo llamarán los libros de historia del futuro, si es que hay algún futuro, a esta *era de idiotas*.

Pero te exhorto, por ahora y sin pretender cambiarte, a que te atrevas a sentir rabia de ti y de lo que permites que sigan haciendo contigo. Si, por el contrario, estás buscando algún consuelo, un pensamiento que te ampare ante el dolor de esta realidad que nos ha tocado a los que hemos nacido en el lado equivocado de la historia, recuerda colérico que, llegado el peor de los escenarios posibles, y a pesar de todos sus esfuerzos, los ricos serán los últimos en morir.

25 *Idiota* proviene del griego *idiotes* y se usaba para referirse al que no se ocupaba de los asuntos públicos, sino solo de sus asuntos particulares. En latín esta palabra designaba al ignorante y posteriormente a quienes no creían en Dios.

«NO TENEMOS FUTURO SI NO COLONIZAMOS LAS ESTRELLAS»[1]

Es tarea difícil ser buenos, pues en todas las cosas es trabajoso hallar el medio; por ejemplo: hallar el centro del círculo no es factible para todos, sino para el que sabe; así también el irritarse, dar dinero y gastarlo está al alcance de cualquiera y es fácil; pero darlo a quien debe darse y en la cantidad y momento oportuno y por la razón y en la manera debidas, ya no todo el mundo puede hacerlo y no es fácil; por eso el bien es raro, laudable y hermoso.

ARISTÓTELES, *Ética nicomaquea*

1 Frase pronunciada por Stephen Hawking en junio de 2017 durante la conferencia que impartió en el festival Starmus en Tronheim, en Noruega, del que proceden los demás fragmentos de este capítulo y el título del que prosigue.

Mira hacia arriba

Te decía, hace ya algunas páginas, que poco, aunque muy significativo, es lo que ha sucedido más arriba de las estelas de los aviones que cortan nuestros cielos en las últimas siete décadas, es cierto. Pero esas primeras expediciones casi kamikazes que intentaron escapar de la gravedad de nuestro planeta son las que han marcado el camino de la esperanza del animal humano para poder sobrevivir algunos milenios más.

Sé que a muchos les costará aceptar esta aseveración; la desinformación y un mal entendido escepticismo los llevará a leer estas letras con una ceja levantada o, directamente y cansado de mi tono impertinente, a tirar este librito lo más lejos que le permitan sus fuerzas sin llegar a dislocarse un hombro. A otros, tristemente, les dará igual lo que diga y cómo lo argumente, porque están seguros de que el hombre nunca llegó a la Luna y la tierra es plana... A estos últimos los invito de todo corazón a abstenerse de procrear; a ver si con un poco de suerte se extinguen como los dinosaurios, sin que sea necesaria la intervención de un meteorito que nos lleve a los demás por delante, aunque a veces piense que no estaría del todo mal.

Pero me reitero en lo escrito: la esperanza de supervivencia del animal humano está en la colonización de otros planetas y en abandonar la Tierra, para quizá dejarla como una especie de recordatorio tóxico de lo que jamás debemos volver a hacer con un ecosistema; o mejor aún, y si somos suficientemente inteligentes, como el museo de nuestras raíces culturales y genéticas al que acudir una vez en la vida, como quien va al Louvre a visitar *La Gioconda*, o peregrina a La Meca, o hace el Camino de Santiago, o acude al Wacken Open Air a idolatrar a los verdaderos dioses del heavy metal.[2]

Y esta ocurrencia interestelar no es patrimonio único de quien escribe esto; Stephen Hawking fue, en sus últimos años, un defensor activo de esta idea, a la que se han unido personas tan populares y solventes como Elon Musk, Mark Zuckerberg, Richard Branson, Jeff Bezos o el multimillonario ruso Yuri Milner, cada uno, como buen idiota que es, desde su propia y privada trinchera de combate. Y este hecho, porque eres un lince, te invitará a sospechar que los ricos quieren asegurarse el salvoconducto de la salvación para ellos y su descendencia, y por supuesto en primera clase, como en el *Titanic*. Pero esa acertada idea relampagueante tuya implica que estas personas —que en ningún caso destacan precisamente por su cortedad de miras o en lo mal que juzgan y vaticinan las necesidades del mundo, ya que gracias a su claridad de pensamiento han conseguido amasar pingües fortunas— en realidad

2 Por si no lo sabes, el Wacken Open Air es el festival más grande de rock y metal en el mundo. Se celebra todos los años en la ciudad alemana de Wacken en Schleswig-Hostein. Seguramente lo de La Meca, el Camino de Santiago y *La Gioconda* te sonarán algo más.

entienden que la única salida para la supervivencia del animal humano es mirar hacia arriba y no precisamente para implorar la intervención de ningún ente metafísico de dudosa existencia. Pero ¿qué sabrán ellos que tú no sepas, con lo listo que eres? ¿Por qué a ellos sí se les permite especular con viajar a las estrellas, mientras que a tu vecino, o a tu cuñado, o a tu compañero de trabajo, los tachas de dementes o fantasiosos si se atreven a soñar en voz alta con algo parecido?

Y es que el físico inglés de la voz electrónica y un humor a prueba de bombas lo dejó muy claro: «No tenemos futuro si no colonizamos el espacio», ya que «el mundo se está volviendo demasiado pequeño para nosotros; los recursos físicos se están explotando a un ritmo alarmante», y es que:

> Le hemos dado a nuestro planeta el desastroso regalo del cambio climático, elevando las temperaturas, aumentando la reducción del hielo de las capas polares, la deforestación y la extinción de especies animales. Cuando hemos alcanzado una crisis similar en la historia, normalmente había otro lugar que colonizar. Colón lo hizo en 1492, cuando descubrió el nuevo mundo. Pero ahora no hay un nuevo mundo. No hay una utopía a la vuelta de la esquina. Nos estamos quedando sin espacio y los únicos lugares a los que ir son otros mundos.

Además, nos arroja a la cara dos ideas tan claras y motivadoras que cuesta no pensar en ellas y desesperar; aseguró que nuestro planeta se enfrenta al «riesgo de la aniquilación» y que «nos encontramos en el umbral de una nueva era. La colonización humana de otros planetas ha dejado de ser ciencia ficción. Ahora puede ser ciencia de hecho». ¿No te suena ya eso del cambio de *era*?

«Espero lo mejor. No tenemos otra opción»

Lamentablemente no es tan sencillo como apostar todo a un número en la ruleta, aun sabiendo a ciencia cierta que será el ganador. La letra pequeña de estas palabras del señor Hawking está en el tiempo, en los plazos. Mientras planteaba la idoneidad de comenzar colonizando la Luna y Marte en los próximos 30 y 50 años, respectivamente, para ser utilizados ambos como emplazamientos adelantados para el posterior salto al sistema de la estrella Alpha Centauri, al que posiblemente pertenezca la enana roja[3] Próxima Centauri, que a su vez es orbitada por el exoplaneta[4] Próxima Centauri B, en el cual muchos científicos vuelcan sus esperanzas colonizadoras, y que se encuentra a 4.22 años luz de nosotros (la más cercana de nuestras

---

3 Las enanas rojas son estrellas de masa inferior a 40% del Sol, así pues, es una estrella pequeña y fría, y se estima que es el tipo más común de estrella de la Vía Láctea.

4 Un exoplaneta no es más que un planeta que no orbita nuestro Sol, sino que lo hace en derredor de una estrella diferente a la nuestra, nada más.

posibilidades objetivas), nos dejaba un dato escalofriante. Siendo muy optimistas, hasta dentro de 100 años no estaremos listos para iniciar este viaje, y esta cifra tan halagüeña depende directamente de la capacidad de llegar a desarrollar las tecnologías necesarias que permitan los viajes interestelares con un mínimo de cabalidad, ya que, con la tecnología actual, tardaríamos aproximadamente 120 000 años en llegar a Próxima Centauri B.

Hawking lo dejó siempre muy claro, pues a su parecer los primeros viajes interestelares, sin retorno por supuesto, se iniciarán si no nos hemos extinguido antes, entre los próximos 200 a 500 años. Y mientras, ¿qué se supone que debemos hacer? ¿Cómo debemos esperar lo mejor, si nada nos asegura que sobrevivamos hasta esas fechas?

La única opción que tenemos, y no te engañes, es poner todo nuestro empeño para que estos plazos sean los más cortos posibles, mientras nos esforzamos todos sin excepción, y como si no hubiera un mañana (nunca mejor dicho), en que la vida útil de nuestro planeta se perpetúe lo suficiente para poder abordar con plenas garantías las cientos de miles de naves estelares que, durante décadas o siglos, habrán de partir desde este pedazo de piedra, hierro y agua, sacando y reubicando en otros tantos planetas habitables a una población que, seguro, superará por mucho los 11 000 millones de personas.

¿Te parece ciencia ficción todo esto? A mí no. Lo que realmente me parece ciencia ficción no es esta concatenación de ideas y datos sobre lo que está por ocurrir y la posibilidad de supervivencia del animal humano saltando a las estrellas. Lo que veo hoy en día inalcanzable es llegar a los acuerdos políticos globales que impriman la voluntad necesaria para lograr que algo de esto pueda ocurrir en un futuro inmediato. Lo que necesitamos es un cambio de timón desde la ética y eso, te recuerdo, nos involucra a todos y cada uno de los animales humanos de este planeta.

Mientras la política mundial esté en manos de quienes solo saben ver a corto plazo, tan corto como la posibilidad de ser reelegidos él o los suyos; mientras las corporaciones comerciales, las empresas transnacionales y la banca mundial se sigan rigiendo por el puro interés especulativo y la usura, la explotación indiscriminada de personas y recursos naturales irreemplazables y la polarización del mundo entre ellos arriba y todos los demás abajo; mientras las fronteras sigan siendo puntos de fricción, negociación o abandono; mientras sigamos siendo indolentes al sufrimiento de nuestros iguales, porque no los vemos como tales y nuestros intereses personales se impongan absolutamente sobre cualquier otra motivación ulterior; mientras los niveles de confianza interpersonal sigan menguando y nos sigamos autolimitando en el desarrollo de nuestras capacidades como animales humanos, siendo cada vez más asquerosamente egoístas y estúpidos; mientras suceda todo esto y mucho más, y aunque no tengamos otra opción, en realidad solo espero lo peor.

Deja te sigo contando.

Tú no, tú no, tú no y tú tampoco

En 1964 el astrofísico soviético Nikolái Kardashov propuso una escala muy concreta y bien definida, que hoy además lleva su nombre y es muy popular en el mundillo científico que especula sobre lo que está por venir.[5] La escala Kardashov categoriza los posibles tipos de civilizaciones existentes en el universo en tres tipos según la cantidad de energía que cada una precisa consumir y la procedencia de dicha energía. Así que, habiéndose mostrado esta escala como una herramienta muy útil en los ejercicios de prospectiva que nos afectan a todos, toma nota que esto seguro entra en el examen. Estos son los tres tipos de civilizaciones de la escala Kardashov:

Tipo I. Civilización que es capaz de aprovechar todas las formas de obtención de energías renovables del planeta sin llegar así

---

[5] El ya nombrado Michio Kaku ha sido uno de los mayores divulgadores y promotores de la escala de Kardashov siempre que ha tenido la oportunidad. Incluso ha llegado a ampliarla en tres tipos más de civilizaciones, que aquí no te voy a detallar porque si con estos tres ya vamos tarde, imagina con los tres siguientes.

a agotarlo. Controlaría el clima y podría actuar para evitar, desviar e incluso sacar partido de la acción de los terremotos y volcanes, aunque estaría, todavía, en posible riesgo de extinción por factores naturales ajenos a su propio planeta, como el impacto de asteroides, cometas, supernovas o agujeros negros. Esta civilización iniciaría los viajes interestelares y colonizaría los planetas más cercanos dentro de su sistema solar.

Tipo II. Civilización que ya ha explorado y colonizado todo su sistema solar y es capaz de controlar su estrella, o sus estrellas principales, al grado de hacer minería directamente en ellas. Poseería colonias en los planetas de los sistemas de las estrellas más próximas a la suya y además utilizaría la energía de estas. Sería una civilización con una posibilidad casi nula de extinción por su capacidad de diseminación.

Tipo III. Civilización capaz de entender, controlar y utilizar la energía de toda una galaxia. Capaz también de manipular el espacio-tiempo y crear agujeros de gusano, e incluso sobrevivir al fin del propio universo. A este tipo hay quien la llama *civilización galáctica*.

Alucinante, ¿verdad? Y lo más increíble de esta escala, tan aparentemente fantasiosa, es que son auténticos científicos de renombre y prestigio internacional los que están trabajando sobre estas especulaciones, sus repercusiones y alcances, y no esos charlatanes de feria que intentan venderte fajas con imanes para mejorar tu circulación, o clavarte agujitas en las orejas para que pierdas peso sin dejar de comer, ni hacer ejercicio.

Lamentablemente, la brecha de comunicación e interacción entre la ciencia y cualquier usuario medio de Facebook o TikTok es tal que este último a duras penas es capaz de diferenciar lo que es ciencia de lo que no deja de ser una simple tomadura de pelo, a pesar de creerse absolutamente dotado para hacerlo. Más aún, en su supina ignorancia y pensamiento acrítico es capaz de ridiculizar las cuestiones más básicas y peregrinas del día a día científico y ensalzar ideas ridículas y sin fundamento como verdades absolutas sobre las que regir su vida. Y no me pidas ejemplos, por favor.

En México 53% de la población cree en el diablo, 51% en la reencarnación y 35% en fantasmas y aparecidos, y eso que he dicho que no pienso hablar de religión en este libro. De hecho, parafraseando un titular periodístico, sacado a su vez de una frase del gran divulgador de la ciencia de este país, José Franco —Pepe para los amigos—: «Los mexicanos tienen más confianza en los horóscopos que en la ciencia». Pero cuidado, que esto no es solo patrimonio de este país, no suspires aliviado tan pronto. Casi 63 millones de personas eligieron como presidente de Estados Unidos, en 2017, a un señor que niega categóricamente que el animal humano esté detrás del cambio climático, si es que es capaz algún día de asumir la existencia del mismísimo cambio climático... ¿Sigo?

Pero la escala Kardashov está ahí para recodarnos que aventurarnos más allá de nuestro Sol es un imperativo evolutivo para la supervivencia de nuestra civilización y de nuestros descendientes, creas lo que creas ahora, compres lo que compres y votes por quien votes, si es que aún te tomas la molestia de hacerlo. Como tal realidad, muchos son los ojos en todo el mundo que calculan y recalculan nuestra posición actual en esa escala, los años que nos distan para subir de nivel y nuestras posibilidades de lograrlo tal como van las cosas. Espero que ya no te parezca algo tan extravagante y fumado como al leerlo por primera vez, ¿no? ¿O aún crees que eso de colonizar las estrellas es una utopía cientifizoide de «raritos» como los protagonistas de *The Big Bang Theory*?[6] ¡Ah, claro!, es que el hombre nunca fue a la Luna... Ya estás tardando en quemar este libro y trolearme por las redes sociales. Hazlo, por favor.

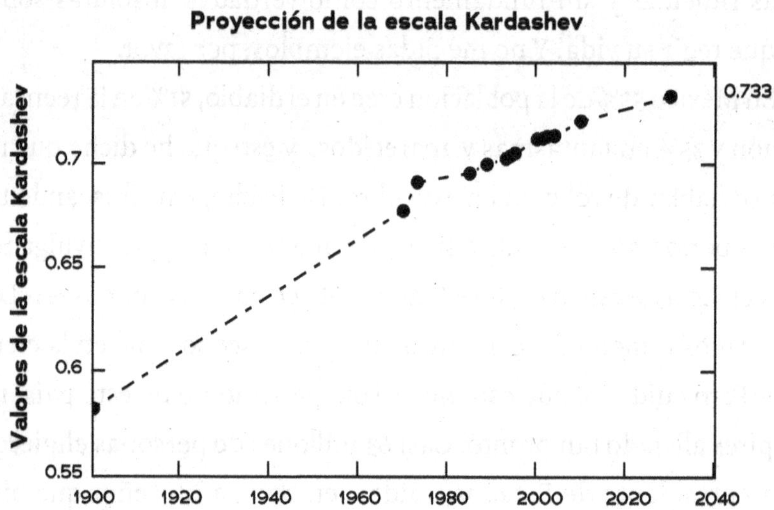

FUENTE: AGENCIA INTERNACIONAL DE LA ENERGÍA DE LA OCDE

No me digas que creíste que estábamos más cerca de ser una civilización de tipo I de lo que somos realmente. Peor aún, ¿creíste que incluso ya lo éramos? Te recuerdo, por si se te había olvidado ya, que seguimos anclados al hierro y quemando combustibles fósiles como auténticos inconscientes, y que una civilización de tipo I es capaz de aprovechar todas las formas de obtención de energías renovables del planeta sin llegar así a agotarlo.

6 Si has escuchado hablar de esta serie de televisión y aún no la has visto, este libro habrá servido para algo útil, al fin y al cabo. Y si ya has visto las 12 temporadas... *¡Bazinga!*

> El aumento del consumo de combustibles fósiles dispara las emisiones de CO^2 [...] La transición energética no se está produciendo «pese a la promesa de recuperación ecológica mundial tras la pandemia del COVID-19», lo que hace «improbable» que se lleguen a cumplir los objetivos climáticos fundamentales durante esta década.

Siento haberte desilusionado. Pero el supuesto hecho hipotético de que estemos cerca de alcanzar el potencial tecnológico o científico para dar ese salto no significa que lo logremos tan pronto, ni siquiera asegura que lo logremos.

Nuevamente, Stephen Hawking tenía razón. Aunque los más optimistas, como Kaku, dicen que quizá en 100 años lo consigamos, es mucho más realista pensar que un plazo de un par de siglos sea lo más correcto, si es que llega a suceder alguna vez. Porque, como argumentaron los científicos Jacob Haqq-Misra y Seth Baum, pensar que una civilización crece de manera exponencial tecnológicamente y con ello también su capacidad colonizadora puede ser un error, pues el agotamiento de los recursos propios frenaría este desarrollo. En consecuencia sus avances ralentizarían en el tiempo, su capacidad de progresar sea cual sea su ubicación en el universo pues esta teoría debería poder ser aplicable a cualquier civilización, esté donde esté, y así dar, de paso, una solución muy elegante, y de rabiosa actualidad, a la tantas veces expuesta paradoja de Fermi.[7]

---

7 La famosa paradoja, que seguro has escuchado ya, fue postulada por el físico Enrico Fermi en 1950 y viene a cuestionarse la aparente contradicción entre la alta probabilidad de existencia de otras civilizaciones inteligentes en el universo y la ausencia de evidencia de estas, y como se te ocurra pensar en las pirámides de Egipto vamos a tener un muy serio problema tú y yo.

Pero si a esta idea de la no sustentabilidad necesaria para la escalada civilizatoria le sumamos la idiotez, o sea el egoísmo y la irresponsabilidad, tan propia del animal humano hoy por hoy, la posibilidad de lograr este salto como decíamos capítulos atrás se ve condicionada por nuestra propia posibilidad de supervivencia en el planeta. Si además sumamos esta nueva variante al argumento de que el agotamiento de los recursos causará la ralentización para saltar de *era* civilizatoria, nuestra posibilidad real de extinción antes de lograrlo es más que plausible. Algo absolutamente agobiante, ¿no te parece?

No solo no lo vamos a conseguir, podríamos inferir, por esa falta de sustentabilidad en los modos de producción de recursos, sino porque en el camino también vamos a destruir nuestro planeta y nuestra posibilidad de vida en él. Así que ya pensar en ascensos a los tipos II y III del modelo de civilizaciones de la escala Kardashov se vuelve solo patrimonio de un tipo de inteligencia y ética que, hoy por hoy, no podemos ni concebir, sobre todo teniendo en cuenta que el animal humano está limitado por su propia inteligencia a la hora de imaginar algo más capaz que a él mismo.

Según el astrofísico soviético, una civilización de tipo II precisaría para consumarse más de 1 000 años de desarrollo y una evolución energética 10 000 millones de veces superior que la del tipo I. Más aún, para dar el último paso y ser una civilización galáctica, o tipo III, habría que esperar, nada más y nada menos, que entre 100 000 y un millón de años. Ni te cuento sobre la evolución energética, porque son cifras tan colosales que no puedo ni concebirlas.

Ahora mismo esto sí que parece ciencia ficción, y de la dura, y más ante las dudosas expectativas de lograr, siquiera, sobrevivir un par de siglos para ser una raquítica y neonata civilización de tipo I.

¿Y si nosotros también somos un recurso por explotar?

Si te gusta la ciencia ficción cinematográfica, como a mí, es posible que el título de este capítulo no te invite a pensar en cosas mucho más agradables que lo que, lamentablemente, ya has leído hasta ahora. A lo mejor estás pensando en la película *Matrix*, donde los humanos son utilizados en un futuro mundo hipotético dominado por las máquinas como la única fuente de energía para autoabastecerse y mantener su tiranía sobre los humanos-virus. O en *Cuando el destino nos alcance*, otra magnífica película donde también en un futuro muy parecido al que se nos aproxima los cadáveres humanos sirven de alimento, procesado en galletitas verdes, a una población ignorante, famélica, hacinada y oprimida, mientras los ricos, que también los hay, comen, beben y viven maravillosamente bien y fresquitos, a pesar del brutal calentamiento del planeta provocado por los propios humanos avariciosos y egoístas. Qué cosas imaginaron a principios de los años setenta, ¿no?

Quizá, porque ya estás aprendiendo después de tantas páginas, te estarás preparando para otra arenga seudoizquierdosa y moralizante. Y tienes razón, sí, pero no del todo.

Cuando estos dos brillantes investigadores de la Universidad de Pensilvania nos hablan del agotamiento de los recursos que ralentizan el progreso civilizatorio, me parece que deberíamos dar un paso introspectivo más pensando en las bases de nuestro modelo de civilización, el cual sin duda está intrínsecamente ligado a nuestra condición de animales humanos; de lo contrario, ya no sería nuestra civilización, ¿no crees?

Es cierto que hemos girado nuestro desarrollo político y económico —o nos lo han girado hábilmente— hacia un modelo hiperindividualista y enfermo de egoísmo que nos aparta de los demás y nos hace menos humanos y más animales cuanto más desconfiamos de nosotros mismos como sociedad. Así es el capitalismo salvaje, el neoliberalismo, y no hay mucho que discutir sobre esto. Y a causa de este enfoque es que prima lo material sobre cualquier otro desarrollo no monetizable, o sin aparente valor. Cuando pensamos en «recursos» inmediatamente pensamos en cosas, objetos, mercancías comprables y vendibles, o bien, en el resultado del trabajo de personas igual de cosificadas; en consecuencia, por supuesto que pensamos que se puede mercadear con una herramienta o un robot. O más bien y para ser políticamente correctos, con el resultado de su trabajo, por no cosificarnos más. Y es que otra vez aquí vendría maravillosamente bien la palabra *plusvalía,* si todo lo que suena a marxismo no estuviera tan demonizado (porque nuestra estupidez no tiene parangón).

Pero insisto, ¿y si vamos un poco más allá de lo aparentemente obvio? ¿Y si al presentarte la idea de que nosotros debemos ser un recurso por explotar no cosificaras a los humanos ni los redujeras —un hábito tan arraigado en nuestra concepción económica— a ese valor intercambiable por otra cosa, como capital humano clásico? ¿Y si lo hicieras desde la idea de un *nosotros* como un todo? ¿Y si como recurso, jamás explotado en su esencia misma como un *todo global*, pudiéramos ser ese factor de ruptura necesario que permitiera dar el salto civilizatorio que tanto necesitamos para sobrevivir como especie? ¿Y si rebautizamos el término *capital humano* como una noción mucho más amplia e incluyente, un *nosotros* que trabaja claramente para sí en pro de una causa común y no muchas particulares? ¿Y si esa ecuación autodestructiva, que se autofagocita cuanto más recursos necesita, no contara con este «nuevo capital humano» como un recurso tal que el *todo global* del mismo siempre es mayor que la suma de sus partes individuales, rompiendo así la lógica matemática que nos impide crecer por encima de los recursos que necesitamos?

Ahora te explico con más calma.

El todo es más que la suma de las partes[8]

A principios del siglo XX, en Alemania, apareció una nueva corriente psicológica llamada *Gestalt*, o de la forma, o incluso de la configuración.[9] ¡Y mucho cuidado antes de seguir leyendo!, no te vayas a confundir con la *terapia Gestalt*, que no es más que una seudociencia que, como tal, no ha demostrado eficacia ninguna más que como una de las muchas formas de sacar el dinero a las personas crédulas, o demasiado desconfiadas con la «oficialidad»,[10] que

---

8 La inspiración y génesis de esta famosa sentencia se atribuye a las reflexiones de Aristóteles en la *Metafísica*, y aunque no la escribió tal cual, quedó para la historia. Aquí te dejo un par de sus apuntes para que juzgues por ti mismo: «Pues el enunciado de la sustancia es uno; y la definición por los géneros será diferente de la que se basa en las partes constitutivas», del libro III, capítulo 3. También: «Pues todo lo que tiene varias partes y no es en conjunto como un montón, sino que constituye un todo distinto de las partes, tiene alguna causa [...] Pero la definición es un enunciado con unidad, no por concatenación como la *Ilíada*, sino por ser de un solo objeto». Libro X, capítulo 6.

9 Por su traducción literal del alemán al español, pues no existe una traducción exacta de esta palabra.

10 Las palabras *alternativo* y *oficial* se han convertido en el ABC de los conspiranoicos, hasta el punto de que todo lo que les huela a canónico ya es conspiración y

buscan métodos «alternativos» para curar dolencias de cualquier tipo, en este caso obviamente psicológicas.

Como te iba diciendo, en los albores del siglo pasado un grupo de psicólogos alemanes desarrolló una serie de principios mediante los cuales explicaba cómo nuestra mente se encarga de manipular convenientemente lo que percibimos desde nuestros sentidos, partiendo desde la vista hacia los demás, para adecuarlo a una serie de patrones que, de alguna manera, nos facilitan y a la vez condicionan el entendimiento del mundo.

Seguro que ya has visto muchos juegos perceptivos, o ilusiones ópticas, donde un par de rostros humanos de perfil forma el contorno de un cáliz y debes elegir cuál de las dos posibilidades ves, o este otro que ejemplifica a la perfección algunos de estos principios, o leyes, de la Gestalt:

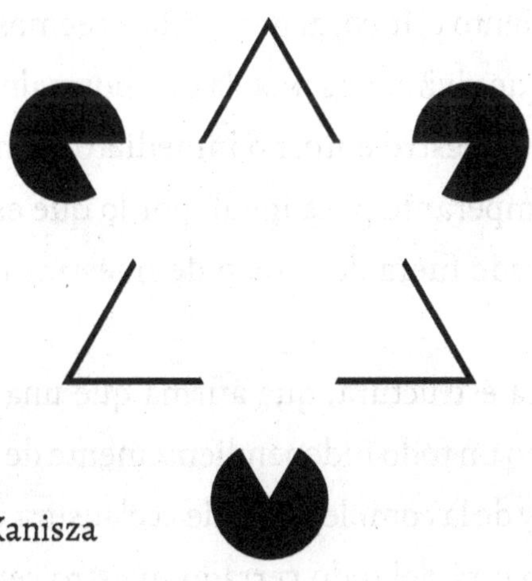

Triángulo de Kanisza

mentira, como la esfericidad de la Tierra, etc... Lo divertido es que, a este ritmo, ellos mismos están a punto de presentar sus ideas como «oficiales» dentro del nuevo canon «alternativo»... ¿Saldrán entonces los posconspiranoicos a denunciarlo?

Si no estás demasiado jodido y aún te quedan algunas neuronas funcionales, es más que probable que en esta figura creas ver un triángulo apuntando hacia arriba, ligeramente más brillante o contrastado que el otro sobre el que está, y que apunta abajo para formar, solo para algunos «elegidos», una conspiranoide y sionista Estrella de David. Aunque, siendo absolutamente objetivos, aquí no hay ni triángulos, ni estrella, ni nada que se le parezca. Es la contundencia de distintas leyes de la Gestalt la que explica, irreprochablemente, cómo actúa nuestra percepción engañosa de las cosas, que sin duda se rige por ellas, y cómo una vez establecidas, a fuego de repeticiones y ensayos y errores en nuestra psique, estas reglas nos impiden ver de otra forma el mundo, a menos que hagamos un enorme esfuerzo desde el previo conocimiento y aceptación de su tiranía. Curiosamente, nos sucede igual con aquellas creencias aceptadas como ciertas sin intervención alguna de nuestra conciencia y pensamiento crítico, al grado que creemos que la realidad del mundo en el que vivimos es una, la que normalmente nos afecta solo a nosotros y a nuestro entorno inmediato. Con el modelo económico y social imperante pasa igual, por lo que es casi imposible que pensemos desde fuera de este, o de nuestras creencias nunca puestas en duda.

Pero la ley de la estructura, que afirma que una forma es siempre percibida como un todo independientemente de las partes que la componen, o la ley de la compleción o de la clausura, que asevera que si un contorno no está del todo cerrado nuestro cerebro lo cerrará, entre otras, dan absoluto sentido a la más importante de las muchas leyes de la Gestalt y título de este capítulo, la ley de la totalidad (el todo es más que la suma de las partes). Pues volviendo al ejemplo anterior, es mucho más sustancioso y rico para nosotros ver un par de triángulos formando una estrella inexistente sobre el papel, que tres círculos negros incompletos y tres rayas quebradas, ¿no te parece?

Y estas leyes sobre cómo reinterpreta nuestro cerebro los estímulos a los que nos enfrentamos constantemente sesgando nuestra capacidad cognitiva —aplicadas hasta el aburrimiento como habrás visto sin saberlo infinidad de veces, en logotipos, señales de tráfico, o marcas comerciales— han impulsado y reorientado durante todo el siglo XX y lo que va del XXI nuestra necesidad de replantearnos no solo nuestra realidad y la interpretación de lo que acontece, de los fenómenos, también nuestra forma de interacción con las cosas y, por supuesto, de nosotros mismos, desde nuevos planteamientos filosóficos, por ejemplo, pero también desde la psicología y, por razones más que obvias, desde la pedagogía. Esto nos obliga a reflexionar muy profundamente sobre qué puedo aprender y cómo, pero sin olvidarnos jamás, repitiendo una y otra vez, su primer enunciado y máxima categórica. Puesto que los animales humanos son parte indisoluble de ese mismo universo perceptible, también aplicará esta máxima sobre nosotros, cuando somos percibidos como totalidad. Así pues, el todo, entendido como la unidad del universo que forman todos los animales humanos, será siempre diferente y mayor que la suma de cada una de sus partes.

Y aquí tenemos muchísimo para pensar.

¿Qué podría entonces esperarse de ese todo? ¿Es esto un mero juego dialéctico o tiene algún sentido práctico? ¿Es una aplicación legítima o un mero salto de campo semántico en busca del efectismo argumental? ¿Cabe aquí entonces ese renombramiento del *capital humano* como ese todo? ¿Y qué cabría esperar de ese capital humano? Júzgalo tú mismo mientras lees esto pensando en ese todo global formado por todos los animales humanos, por un utópico *nosotros*:

> El todo tiene cualidades o propiedades que no se encontrarían en las partes si estas se separaran las unas de las otras y ciertas cualidades o propiedades de las partes pueden ser inhibidas por las fuerzas que salen del todo.
>
> Edgar Morin

Nosotros: el verdadero «capital humano»

Desde hace siglos los animales humanos hemos sido expertos en explotar a nuestros semejantes como fuerza meramente productiva, bien como porteadores de piedras durante 2 000 años para construir una muralla de 21 200 km de largo en China, o recolectando algodón en las orillas del río Misisipi a latigazos; o sentados ocho o 12 horas, si tienes suerte, en un escritorio; o frente a una cadena de montaje; o tras un volante, soñando con las vacaciones o la nueva serie de Netflix, HBO o Amazon Prime, con la que quemarás las horas del domingo antes de volver el maldito lunes a trabajar. Sea como fuere, bien físico o intelectual, los conceptos de *trabajo* y *explotación* son básicamente el mismo; uno a cambio de un mendrugo de pan y alguna cosa más para mantenerte vivo y poder seguir trabajado; el otro, por la necesidad de poder seguir afrontando el pago mensual de las deudas para obtener esas cosas que tanto ansías y que autojustifican el sacrificio de vender la mayor parte de tu tiempo de vida útil y de calidad, antes de que seas un viejo inservible que huela su propio fin. Resumiéndolo mucho: si has nacido en el lado equivocado de la historia y vives como todos, no te engañes, seguirás trabajando mientras seas productivo; después, pasarás a la vejez, y ahí, cuanto antes te mueras, mejor para todos, pues menos gasto supondrás para el Estado, que debe mantenerte, o, si vives en el tercer mundo, para tu familia.[11]

Pero ahora imagina que las cosas pudieran cambiar y que nos damos cuenta de que los recursos naturales que tenemos son muy limitados, así como el desarrollo de las tecnologías que podrían paliar este problema, y que como resultado nuestro balance entre lo producido y lo gastado es obviamente negativo y siempre en pérdida y, claro, a todas luces insuficiente para garantizar un desarrollo constante que dé certezas de futuro. Esto no es muy complicado de imaginar, ¿no?

Ahora imagina, y para esto sí vas a necesitar esforzarte mucho más, que todos los responsables políticos, sociales y la mismísima iniciativa privada decidieran llegar a un gran acuerdo mediante el cual abolieran todo aquello que lastra esas posibilidades de futuro de las que tanto hablamos trazando un plan que a mediano plazo los desplazara a ellos mismos y a sus formas de entender la realidad y de gestionarla en pro del bien de todos. Un plan que prima al *nosotros* y los desarrollos de una potencialidad solo limitada por la imaginación, o el tiempo, que servirá como el producto fundamen-

11 En 2019 Andrés Manuel López Obrador declaró que 2.5 millones de adultos mayores recibirían apoyo de 2 550 pesos. Y además «que la meta es llegar a 8 millones 500 mil adultos mayores cuando el programa se vuelva universal y se incluya a jubilados y pensionados». Recuerda que cobrar menos de 2 542 pesos mensuales en México es estar en situación de pobreza. ¿Cambiará en algo esta condición si cobran ocho pesos más?

tal de una nueva concepción económica, como una materia prima renovable y presumiblemente sustentable que, si se trata y explota como es debido, posibilite ese futuro y marco de posibilidades añorado. Esto es, un nuevo capital humano basado en un nosotros activo, consciente de su responsabilidad con la historia y con los nosotros que están por venir, un nosotros futuro por el que trabajar juntos en pro de una vía de supervivencia solo posible desde este nuevo paradigma moral.

Sí, sé que cuesta mucho imaginarlo, porque hasta ahora lo que conocemos del mundo suele ser todo lo contrario, o por lo menos así nos lo parece a los que somos más críticos o excéntricos. Y me dirás que hablar en abstracto es muy fácil, que cualquiera puede hacerlo, y que además el papel lo soporta todo, como las páginas de este librito. Además, ¿qué tipo de político es ese que firmaría un pacto de Estado tal que en unos años lo barriera y lo desposeyera de sus privilegios? ¿Qué empresa privada permitiría algo semejante y cómo lo defenderá ante la junta de accionistas? ¿Qué idílica sociedad utópica es esa donde el bien de la mayoría se impone sobre los que han nacido en ese otro lado al que todos aspiramos pertenecer?

«Vico, céntrate y no alucines».

Eso me dirás, pero el que puede alucinar, al menos en parte, podrías ser tú. ¿Y si —te pregunto— esto que te cuento no fuera abstracción ni pura masturbación mental? ¿Y si ya tuviéramos un ejemplo palpable y cuantificable y simplemente estamos mirando hacia otro lado, o a una sola esquina de un cuadro ya pintado y expuesto sin querer atender a la totalidad de la obra en sí?

Vámonos de viaje.

Finlandia, el país más feliz del mundo

Si me leíste con atención, me preguntarás cómo es posible medir la felicidad. ¿Cómo medimos una actitud ante la vida?, y lo más importante, ¿cómo es posible que un país que baja en invierno hasta los -30 °C puede ser el país más feliz del mundo? Si además siempre has visto que ese honor lo encabezan países cálidos y amables, de esos con playas paradisiacas, fiestas constantes y pasión por la vida, y más concretamente, ¡el tuyo, tu país, sea cual fuere el punto del mundo desde el que me estés leyendo ahora mismo!

Lamentablemente, aquí la falta de pensamiento crítico y el consumo de redes sociales como fuente casi exclusiva de información te ha vuelto a jugar una mala pasada. Si creías que tu país era de esos privilegiados donde la felicidad es un bien casi congénito de tus conciudadanos, pero hablas la lengua de Cervantes, abre aún más los ojos y estate prevenido, porque te están tomando el pelo para mantenerte orgullosamente estúpido, contento, conforme y poco exigente, ante una nueva mentira que en apariencia te privilegia pero que, en realidad, te hace aún más vulnerable y muy fácilmente manipulable.

En un mundo donde la felicidad es la panacea comercio-existencial por antonomasia, como ya hemos hablado más atrás tú y yo, hacerte creer que vives en el mejor de los mundos posibles es una herramienta maravillosa para darte de latigazos y someterte agradecido. No seamos cándidos,[12] por favor.

Sí, tienes mucha razón, la felicidad es difícilmente medible, pero no así las circunstancias que actúan sobre nosotros, que nos favorecen, entorpecen o condicionan el ejercicio de nuestro carácter, de nuestro pensamiento crítico, de esa actitud ante la evidente contingencia del mundo tan deseada como tan poco comprendida. Y es que hasta son medibles las condiciones que posibilitan el fortalecimiento de nuestro carácter y nuestra voluntad de ser felices día a día, aunque sin ver esta posibilidad como una meta material, como un objeto que, una vez logrado y pasado el efecto bioquímico de cuelgue cerebral, nos obliga a querer más, como a cualquier otro adicto. Todas estas circunstancias y sus repercusiones en el yo, el nosotros y los otros sí se pueden medir, pesar y cuantificar, otorgándoles así valores numéricos escalables y jerarquizables.

Así pues, en 2022, como cada año, la Red de Soluciones para el Desarrollo Sostenible de las Naciones Unidas publicó un informe en el que cruzaron datos de este tipo como el PIB per cápita, el desarrollo humano, los índices de percepción de la corrupción nacional, las mejores gobernanzas, la protección a la salud, la esperanza de vida, la libertad para tomar decisiones, el alejamiento del riesgo de pobreza, las oportunidades laborales, la existencia de

---

12 Ya que estamos en esto, te invito a que leas *Cándido, o el optimismo* de Voltaire; si no aprendes nada, por lo menos echarás unas risas maravillosas, o eso espero

una red social bien constituida que te auspicie en caso de problemas, los indicativos de generosidad de la sociedad, la percepción de la felicidad de los inmigrantes que viven en ese país y hasta cuánto se ríen sus habitantes y cuánto disfrutan todos de la vida. Con esta batería de datos y valores se determinó que el pódium de la felicidad mundial lo corona, como reina indiscutible del baile, ¡por quinta vez consecutiva!, Finlandia, seguida muy de cerca por Dinamarca, Islandia y Suiza; Costa Rica es el primer país hispano en aparecer en un muy honroso decimotercer puesto; España, en el 29, Uruguay y Panamá, en las casillas 30 y 37, respectivamente. Y por si te lo preguntabas, México ocupa el puesto 46 de 146 posiciones. Sí, has leído bien, Finlandia es el país más feliz del mundo según la ONU por quinta vez consecutiva. Una puede ser coincidencia, ¡pero cinco...!

Si te arde la cabeza y te estás preguntando cómo demonios se consigue calificar positivamente en todos esos rubros, o qué hizo Finlandia para lograr ser el país más feliz del mundo, y si este logro se puede replicar en cualquier país, y por qué diablos no se habla de esto constantemente en tus redes sociales favoritas, créeme que intentaré explicártelo de la manera más clara y concisa que pueda.

Vuélvete a poner en la más confortable de las posturas posibles, porque no creo que sea precisamente corto, ni del todo agradable.

Esto sí que son «milagros» y no los de...

Tras la caída del bloque soviético, Finlandia se encontró sin nadie a quien venderle su madera y derivados de esta, como el papel, que era su principal recurso y su motor industrial durante casi todo el siglo XX, hasta las fechas de la Perestroika,[13] amén de algunos excedentes agropecuarios. El desempleo creció vertiginosamente de 4% en 1991 a 17% en 1995, arrastrado por el reajuste y el cierre de muchísimas de sus empresas y situando la economía nacional al borde de una inminente bancarrota, que obligaba a un país dependiente casi exclusivamente de un único recurso y de un cliente ahora difunto y sin obvia posibilidad de compra a repensar todo su modelo de producción y quizá también de su propio modelo de sociedad.

---

13 La Perestroika fue el plan de reestructuración económica de Mijaíl Gorbachov, último secretario general del Comité Central del Partido Comunista de la Unión Soviética y su jefe de Estado, y que pretendía lograr la actualización del sistema socialista para mantenerlo en el tiempo y acabó con la disolución de la URSS, esto es, todo lo contrario. Eso sí, le dieron el Nobel de la Paz en 1990 y la pregunta es si también se lo hubieran dado unos años después. Quién sabe...

Pero ¿cuál sería el nuevo recurso a explotar, aquel que permitiera plantear las posibilidades de un futuro real a una sociedad que solo se tenía a sí misma como posibilidad de acción y que, además, no estaba exenta de sus propios problemas, como una altísima tasa de alcoholismo, suicidios y violencia machista?

El examen crítico y minucioso de la realidad de los años noventa, y de las necesidades que habrían de venir en un mundo donde la especialización y el conocimiento iban a ser la moneda de cambio común, como el carbón en el siglo XIX, solo les dejó un camino: pasar de un modelo de producción y, por ende, de sociedad industrial obsoleta e inviable, a repensar las necesidades de una futura sociedad de la información, del conocimiento. Esa reestructuración sí estaba en sus manos, siempre que se entendiera como una acción de responsabilidad global y consensuada por todos, una nueva visión. Lógicamente, lo primero que se vieron obligados a cambiar fue su modelo educativo, desde las guarderías hasta las universidades y, por supuesto, también cómo las familias podrían conciliar el trabajo con la educación de sus propios hijos, en el marco de este cambio. Pues no se podía cambiar la sociedad hacia un nuevo modelo de producción sin alterar esencialmente la misma composición primaria de cada uno de sus miembros, y eso solo podía lograrlo un cambio en la educación. Ni los eslóganes políticos, ni las consignas de los partidos, ni los programas de televisión, ni cualquiera que fuera la moda mediática de la época podía conseguirlo.

Como comprenderás, esta revolución del paradigma educativo y social —pues te repito que cambiar la educación es cambiar la sociedad— no podía darse entonces de una forma azarosa, o por el capricho de uno o el otro mandatario en turno. El cambio habría de ser permanente e inalterable, gobernara quien lo hiciera en tiempos venideros. Se fijaron cuatro ejes básicos e inalterables de trabajo: educación absolutamente gratuita, una buena gestión de los recursos, mejorar la calidad de los profesores y la equidad en las exigencias y oportunidades de acceso a la enseñanza. Una vez consensuados los poderes políticos, en bloque, se comprometieron con la nación a la que representaban a cumplirlos y no desviarse de esta visión, como bien recordaba el exconsejero de la comisión Nacional de Educación de Finlandia, Reijo Laukkanen, en una entrevista, por si a mí no me crees:

> Nuestros gobiernos, uno tras otro, han aceptado siempre el mismo objetivo en materia de educación. No ha sido como en otros países en los que un cambio de gobierno significa un cambio del sistema educativo. Cuando lo planteamos hubo un gran debate político y después del análisis técnico por parte de los expertos se vio que era importante subir el nivel educativo de toda la población.

Peliaika on pyhä[14]

Escuchar a un político hablar en estos términos es algo que nos puede poner algo nerviosos, porque el desapego a la política y la desconfianza hacia esta casta en particular es algo cotidiano en sociedades fracturadas y desconfiadas, donde pensamos que el político miente por oficio y, tras favorecerse a sí mismo y a los suyos, con un poco de suerte y si anda de buenas, puede que haga algo por una población que, en la mayoría de los casos, lo puso en ese lugar. Pero no sucede igual en países cohesionados y donde los niveles de confianza interpersonal gozan de una salud de hierro, como es el caso finlandés. Allí es común escuchar a sus autoridades hablar de los niños como «el tesoro nacional» y hablar de los profesores como «los guardianes del tesoro». No, no lo dicen como recurso argumental o demagógico, en pro de congraciarse con su electorado. No en vano dedicarse a la docencia en este país es gozar

14 El traductor de Google es tu amigo, úsalo.

del prestigio y respeto de cualquier mandatario elegido bajo sufragio, o de tanta responsabilidad social como un juez que decide sobre la vida del reo. Y es que para lograr ser guardianes del tesoro nacional hay que completar unos durísimos requisitos de aptitud y competencias culturales y de todo tipo, como saber otros idiomas, tocar instrumentos o realizar alguna obra social. Todo esto suma puntos al currículum de los aspirantes a profesores, sin contar obviamente con la excelencia académica de estos, pues solo los mejores expedientes pueden aspirar a este honor. Pero es que ser profesor no es, o debiera ser, cualquier cosa, ni en Finlandia, ni en el rincón más apartado del planeta, pero ese, lamentablemente, es otro tema.

> Para aumentar nuestro bienestar necesitamos todos los cerebros de los jóvenes.
>
> Laukkanen

Entender que para aumentar el bienestar social se necesitan todos los cerebros, y en especial el resultado de los cerebros de los más jóvenes, es entender el desarrollo del animal humano en toda su complejidad y no descuidar ninguno de sus aspectos, y mucho menos en los primeros estadios de desarrollo de este. Así que había que empezar por el principio:

> El sistema educativo de Finlandia fomenta el ocio y el tiempo libre junto a las familias [...] El tiempo de juego es sagrado [...] La formación en Finlandia comienza antes que en la mayoría de países. Incluso antes de tener deberes y de empezar a cumplir horarios, los niños aprenden simplemente a ser niños.

> La ley finlandesa establece 15 minutos de descanso por cada 45 minutos de enseñanza. Esta es una de las claves del éxito de su sistema educativo. Se trata de que los niños sean niños durante el máximo de tiempo posible, y eso se nota positivamente en los resultados.

Permíteme que te lo repita de nuevo: «el tiempo de juego es sagrado». Si eres docente y estabas pensando en tatuarte alguna frase ocurrente, te invito a que te pienses un par de veces esta como opción, y si eres como yo, de los que gustan de tatuarse frases en otros idiomas, la tienes en finés en el título de este capítulo. Repito, «el tiempo de juego es sagrado» y, además, hay que fomentar el «ocio y el tiempo libre junto a las familias», si aún no lo tienes del todo claro y no sabes en qué favorece esto al bienestar de un país, o su posibilidad de ser feliz, vuelve a empezar por la primera parte de este libro y nos reencontraremos aquí de nuevo, si te da la gana, pasados unos días.

> El «milagro» finlandés se explica también por el énfasis en la socialización de los alumnos y la no aceptación de que un alumno moleste a los demás o no estudie.
>
> Inger Enkvist

Y no aceptar que un alumno moleste a los demás no significa que sea expulsado, reprendido, amonestado o castigado. No aceptar que un alumno pueda ser una molestia, o no estudie, es no rendirse ante ninguno de ellos, no abandonarlo a su suerte. Significa, además, que ya tienen establecida una serie de medidas para poder solucionar los posibles problemas de conducta, como el exitosísimo método KiVa,[15] que redunda en la acción cohesionada de repulsa ante el acoso por parte de todos los alumnos del salón de clase, o del centro, frente al acosador, método con el que acabaron casi por completo con el *bullying* en sus escuelas. También, toda la logística necesaria para poder ayudar a los alumnos con problemas específicos de aprendizaje, que de eso se trata la equidad en las exigencias y el acceso a la enseñanza, en dar la oportunidad a todos adaptando el continente a las peculiaridades del contenido. Y aun así, el método educativo no es caro, más bien es muy contenido en gasto, pues los profesores cobran por horas y la homogeneidad y estandarización de todas las escuelas también reduce los costos, por eso no hay escuelas de primera o segunda, y cada alumno va a la escuela que le corresponde a su barrio o colonia, uniéndose sin rechistar en muchos casos los hijos de los ricos, los pobres y las clases medias (las de verdad) juntos sin distinción y en armonía:

> El sistema finlandés es relativamente barato, porque se dan relativamente pocas horas durante relativamente pocos años [...] En un análisis del Ministerio de Educación, los autores se felicitan por que Finlandia tenga poca diferencia entre las escuelas. Apenas hay diferencias regionales, sociales o de género. Afirman una vez más que Finlandia da mucha importancia a la igualdad, pero, además, celebran que haya logrado los buenos

[15] Tiina Mäkelä, coordinadora del programa KiVa del Instituto Escalae de España, afirma: «El acosador busca poder, pero si los espectadores no reaccionan de manera positiva a sus comportamientos agresivos, no conseguirá esa posición de superioridad a la que tanto aspira y dejará de acosar. Por eso, la clave está en las actitudes».

> resultados sin dedicar sumas exorbitantes para conseguir esta meta.
>
> Enkvist

Tal pareciera que el sistema educativo finlandés lo tuviera todo: bueno, bonito y barato. Pero así son las cosas, y si les preguntas a ellos te contestarán que en el fondo solo se limitaron a copiar y adaptar aquellas cosas que mejor les parecía que pudieran encajar en su país de otros modelos educativos del mundo que, por una razón u otra, no han sabido o podido desarrollarse como en el suyo.

Finlandia no solo encabeza la lista de países más felices del mundo, también la de jóvenes mejor formados. En la última década ha conseguido bajar las tasas de alcoholismo, suicidio y violencia machista, y aunque aún tienen mucho trabajo por hacer, ciertamente nadie pone en duda que es muy probable que lo logren, mientras otros solo se ponen lacitos de colores. Porque algo que entendieron a la perfección es que su potencial de desarrollo estaba en ellos mismos como recurso, como un todo que se necesitaba para poder evolucionar y asegurarse el lugar que precisamente ahora ocupan en el mundo.

Para ello tenían que descubrir, o recordar, que son los demás los que nos hacen humanos, los que posibilitan el *nosotros*, y no redunda en el simple hecho de nacer en un entorno social, es casi imposible no nacer así y pasa en todos los países y en todas las épocas de la historia del hombre, pues la familia es nuestra primera esfera de socialización sea esta como sea, pero no basta. Diría la gran especialista en educación canadiense Annie Kidder sobre la educación finlandesa:

> Han hecho grandes progresos en conseguir que los niños más pequeños tomen conciencia de sí mismos y su relación con los demás: que maduren. Así después es más fácil que aprendan [...] [Al método educativo finlandés] le preocupa desarrollar la creatividad de sus estudiantes y su capacidad para analizar y gestionar la complejidad.

¿No te suena a ya visto, y a ya leído en estas mismas páginas?, ¿eso de «su relación con los demás, desarrollar la creatividad y la capacidad de análisis, gestionar, al fin y al cabo, la complejidad» no te suena a pensamiento crítico?

Sí, Finlandia es el país más feliz del mundo porque sus alumnos de hoy y aquellos de ayer, que ahora además también son padres de los de ahora y, por supuesto, sus profesores, son el producto de un sistema educativo que entendió y supo dar solución a un problema muy similar a la encrucijada en la que todos los habitantes del planeta nos encontramos.

«¡También ellos están en peligro porque comparten el planeta con nosotros!».

Por supuesto que sí, tienes mucha razón. Pero ellos están observando, estudiando y aportando soluciones desde una situación mucho más aventajada y de vanguardia, promovida por ellos mismos ante las mismas circunstancias que nos amenazan a todos, las mismas que nos están condicionando la supervivencia a ti y a mí y a los nuestros, y ante las que nosotros no estamos haciendo absolutamente nada, porque somos idiotas, y eso no me lo podrás negar.

Pero alégrate, pues lo mejor es que nada hay de milagroso en el ejemplo finlandés; no son superhéroes con poderes extraterrenales, nada que no se pueda copiar y replicar, con todos los matices necesarios sea cual fuere la parte del mundo en la que te encuentres, aunque en algunos rincones cueste mucho más que en otros, como ya hemos visto.

Y para muestra este botón: el método KiVa contra el acoso y el maltrato en las escuelas ya se está implementando en muchos países con el mismo tipo de resultados positivos que en Finlandia. Y a pesar de que muchos sigan pensando aquello de que «el hombre es un lobo para el hombre», el lobo, para tu información, no dejará de ser nunca y hasta que se extinga un animal domesticable del que proceden todas las distintas razas de perros a las que tantos adoramos, incluyendo al obeso pug de mi vecino, por más que yo lo pueda detestar.

Entonces, a mejores calificaciones, ¿más felices seremos?

Te he presentado el caso finlandés como ejemplo de que sí se pueden lograr cambios sociales globales, *de facto*, desde la concepción de un nosotros plural e incluyente que, gracias, entre otras cosas, al cambio de modelo educativo, ha conseguido algo que para otros países pareciera ciencia ficción. Así que ya tenemos aquí un ejemplo maravilloso, aunque siempre perfectible, para replicar, reproducir, imitar, versionar, calcar, copiar, piratear o como te dé la gana decirlo. ¡Pero ojo!, no te confundas, no busques una solución simplona y efectista; no te creas que solamente cambiando las leyes educativas por otras que en apariencia potencien la excelencia académica, sin molestarte en repensarlo todo profundamente, y desde la crítica sobre qué nos ha llevado aquí donde estamos o qué nos impide evolucionar hacia la posibilidad de un futuro —que ha de pasar obligatoriamente por una transformación global del paradigma social y neoliberal del yo a un nosotros—, conseguirás un propósito que, me parece, no terminas de entender.

No debemos buscar algo tan manoseado y poco concreto como ser felices, eso podrá venir o no por añadidura si hacemos las cosas bien. Buscamos la supervivencia de la especie humana, no te confundas.

Si no nos planteamos seriamente cambiar el paradigma social, y si estás mirando para ese otro lado autocomplaciente que busca resultados inmediatos y el éxito del yo por encima de cualquier otro, cuando decidamos cambiar una vez más las leyes educativas nos estaremos confundiendo de nuevo y, además, me demostrarás que no te has enterado de nada.

Solemos reducir cualquier idea compleja, o que requiera un mínimo esfuerzo de comprensión, a la unidad mínima necesaria de información que, además, se ajuste a las ideas preconcebidas que ya teníamos sobre el asunto. Así que, sin un esfuerzo real de autocrítica por tu parte, no vamos a avanzar más que al fracaso de nuevo, y un fracaso que cada vez será más difícil subsanar, simplemente porque cada vez tenemos menos tiempo para arreglar nuestras cagadas. Y si aún sigues reticente, deja que te dé un par de ejemplos, para que reflexiones sobre todo este asunto.

Desde los primeros informes PISA,[16] el rival a batir siempre fue Finlandia y muchos países decidieron ponerse manos a la obra. Reformaron sus sistemas educativos y se esforzaron por que sus alumnos fueran los mejores en todos los aspectos que evaluaba el mentado informe: ciencias, habilidad lectora y matemáticas. Y co-

16 PISA no es más que la nomenclatura del Programa Internacional para la Evaluación de Estudiantes, pero por sus siglas en inglés. Es un estudio a escala mundial que realiza la OCDE desde el año 2000 para evaluar el rendimiento académico de los alumnos, para así poder evaluar la calidad del sistema académico de cada país.

menzó así la carrera por encabezar este *ranking* que, en realidad, no es más que una herramienta cuantitativa. ¿Podría medir este estudio lo felices que son los alumnos de estos países? ¿Se valora algo parecido al bienestar de estos, o simplemente se tienen en cuenta los resultados académicos? ¿Sería fácil medir cuánto tiempo tienen de ocio o cuánto ríen? Creo que todo esto sería muy fácil de hacer; de hecho, ya se hace, como te he mostrado antes en esos informes de la ONU para determinar qué país es más feliz, pero nuevamente nuestra prisa por reducir e intentar «racionalizar» aspectos que pudieran parecer subjetivos, sin serlos, nos lleva a tener pesadillas con monstruos goyescos.[17]

[17] Si no entiendes eso de «goyescos» te invito que googlees «el sueño de la razón produce monstruos».

Ser el mejor no siempre es lo mejor

Singapur, Shanghái, Corea del Sur y Japón; estos cuatro gigantes de la meritocracia académica oriental han conseguido en la última década trepar, coronar y afianzarse en el top del *ranking* de los informes PISA y, en muchos casos, incluso han desbancado a Finlandia y sacado el pecho orgullosos ante su proeza. Pero han logrado esto haciendo justo lo que antes te dije que no debía hacerse: simplificando, reduciendo y no cambiando más que a peor su paradigma social.

Todos aplauden al número uno y el fracaso no tiene cabida en este sistema demente. Los estudiantes deben competir entre ellos por destacar y lograr ser los mejores, porque así gozarán no solo del respeto y reconocimiento de la sociedad, también de los de su propia familia, que se gastará todo el dinero que le sea posible para conseguir esta meta. Y si para ello los estudiantes deben dedicar todas las horas de todos los días de la semana, así lo harán, cueste lo cueste, todo con la única obsesión enfermiza de ser los mejores. El único en la cima de la montaña. Porque ser el mejor, al menos para su forma de pensar, asegura también el mejor de los futuros posibles.

> Las largas horas de memorización y estudio, los pocos momentos de sueño, los casi nulos recreos, las elevadísimas expectativas de los padres y el altísimo nivel de competitividad marcan el camino que los adolescentes coreanos han de recorrer durante tres años de instituto para ser los mejores el día del Suneung, el examen de acceso a la universidad. «La educación excesiva es la culpable de que seamos el país desarrollado con más muertes por suicidio», asegura Park Chul, exrector de la Universidad Hankuk.

Y este no es un caso aislado, no es exclusividad de Corea del Sur. Permíteme que te siga ilustrando un poco más:

> En Singapur los padres quieren hijos fuera de serie; no se contentan con un 9.5; los presionan para que saquen un 10 y los suicidios de estudiantes están en boca de todo el mundo. El gobierno está hablando con las familias y suavizando el sistema para no centrarlo tanto en los exámenes.

Espera, aún hay más, no creas que esto acaba aquí:

> En 2017 los suicidios de jóvenes en Japón alcanzaron su nivel más alto en tres décadas, de acuerdo con nuevas cifras dadas a conocer por el gobierno [...] Una inspección independiente realizada por la Oficina del Gabinete de Japón en 2015 halló que los suicidios infantiles tendían a aumentar el 1 de septiembre, por lo que se especuló que los estudiantes sentían una presión más intensa en la escuela después de las vacaciones de mediados de año. Según el Ministerio de Salud, Trabajo y Bienestar del país,

> el suicidio fue la principal causa de muerte el año pasado entre las personas cuyas edades oscilan entre los 15 y los 19 años.

No, claro que no, la culpa no la tienen los informes PISA, ni el deseo irrefrenable de estos países por estar en el pódium de este *ranking* mundial. Pocos problemas hay que solo tengan un culpable y normalmente responden a cuestiones multifactoriales e incluso a casualidades azarosas o disparatadas, como te demostraré en un rato. Pero el caso asiático es tan significativo y asfixiante que, créeme, mientras buscaba las referencias periodísticas —para que sean otras palabras escritas por otros que no soy yo las que te escupan las cosas a la cara— no ha dejado en ningún momento de invadirme la zozobra. Los padres creen que hacen lo mejor para el porvenir de sus hijos, ¿qué padres no harían siempre eso? Por eso los presionan, los empujan, y ellos, los hijos, acaban creyéndoles y aceptando sus mandatos como única posibilidad, porque todo indica que ese debe ser el camino, que triunfar en los estudios es asegurar un futuro próspero y feliz, aunque tengan que renunciar a tener amigos, a jugar, a reír y, claro, las consecuencias son obvias. En Japón se estima que cientos de miles de jóvenes han decidido recluirse voluntariamente en casa de sus padres porque ya no soportan la presión social, y su percepción del fracaso en la vida es tal que prefieren desaparecer a ojos del resto de la sociedad. A estas víctimas del sistema se las conoce como *hikikomori*:

> Desde que llamó la atención del fenómeno, se cree que el número de *hikikomori* ha aumentado. Una cifra estimada conservadora de personas afectadas sería 200 000. Pero en 2010 una encuesta del gobierno de Japón arrojó una cifra mucho más

> alta: 700 000. Debido a que, por definición, quienes sufren de este fenómeno se esconden [...] [se] considera que la cantidad de afectados es todavía mayor, cerca del millón.

A lo mejor ahora estás pensando que eso no podría pasar en tu casa, que no tiene sentido alguno, que es cosa solo de japoneses, porque son como son, pero no reduzcas el mundo a lo que abarcan tus manos y ve un poco más allá. ¿Y si cambias el aislamiento en casa por el abandono escolar, el alcoholismo, las drogas, las autolesiones? Ya te suena más cercano, ¿verdad?

> Una de esas fuerzas (que provocan esta conducta) es *sekentei*, la reputación de una persona en la comunidad y la presión que él o ella siente para impresionar a otros. Mientras más tiempo pasa un *hikikomori* aislado de la sociedad, más consciente está de su fracaso social. Ellos pierden cualquier autoestima y confianza que hayan tenido, y la perspectiva de dejar la casa se convierte en algo aún más aterrador. Los padres también son conscientes de su estatus social, por lo que esperan meses antes de buscar ayuda profesional.

Ante esta debacle oriental y hasta la fecha, tan solo algunas voces críticas en Shanghái han decidido dar un golpe en la mesa para intentar darle la vuelta a este problema demoledor provocado por un modelo educativo basado en la competitividad absoluta de los alumnos unos contra otros. Quién sabe si lo lograrán... Pero una de las primeras medidas que están estudiando sus autoridades es dejar de medirse con los demás, dejar de participar en los estudios PISA o en cualquier otro similar, y entender que el nivel educativo de una sociedad no puede medirse solo por las calificaciones.

> El nuevo sistema de evaluación medirá la motivación y el compromiso de los estudiantes, la relación entre estudiantes y maestros y la condición física.

Porque la educación es mucho más que una boleta de calificaciones. Debe brindarnos la posibilidad de relacionarnos con los demás, con nuestros compañeros y maestros y así desarrollarnos como animales humanos completos.

> Lo que necesita [Shanghái] son escuelas que sigan principios educativos sólidos, respeten los principios de desarrollo físico y psicológico de los estudiantes y establezcan una base sólida para el desarrollo de la vida de los estudiantes [...] Sus habilidades [de los alumnos] y sus cualidades deben adquirirse también a partir de una variedad de actividades lúdicas, actividades en línea y juegos, en lugar de simplemente completar trabajos académicos o extender el tiempo de tareas en casa.

Y vuelve a aparecer la palabra *juego* como herramienta de aprendizaje y posibilidad de desarrollo, por si no te hubiera quedado suficientemente claro aún. Pero queda un ejemplo más de cómo podemos joder unas cosas intentando arreglar otras. Presta atención, porque si estás en esta parte del mundo quizá tenga aún la posibilidad de sorprenderte y hacerte enfadar o desesperar... más aún si cabe.

Buscándole ruido al chicharrón[18]

El 19 de septiembre de 1985 la tierra tembló bajo los pies de los vecinos de la Ciudad de México y de sus alrededores, con consecuencias dramáticamente catastróficas. A partir de ese momento y en previsión de posibles eventualidades similares, se orquestó toda una suerte de protocolos y estrategias para avisar del peligro, agilizar y facilitar la evacuación de inmuebles y la reunión de la ciudadanía en puntos estratégicamente marcados como seguros.

Una de las medidas más populares fue dotar a todas las guarderías, colegios de primaria y secundaria e incluso bachilleratos, muy sensibles a las consecuencias de sufrir los embates de otro temblor, de señaléticas específicas para la evacuación y resguardo de los alumnos de la manera más segura y efectiva. La estrella de todas

---

18 Hay un refrán mexicano que se suele presentar como «no le busques ruido al chicharrón»; es casi una amenaza, o un consejo paternal, para quien se mete donde no debe o donde se presume que provocará una reacción sin que haya, quizá, una necesidad previa de ella.

estas señales fue, sin lugar a duda, esta que te presento, la cual, aun no siendo el único modelo existente, siempre comparte el mismo mensaje:

Este mensaje, tan obvio, respondía a una necesidad muy concreta. En caso de temblor o al escuchar la alerta sísmica, los niños y cualquier otra persona en el edificio siempre debían mantener la calma y salir de manera ordenada y tranquila del inmueble, camino del punto de reunión seguro más cercano.

> Es una maniobra en la que, al escucharse la alerta sísmica, los mexicanos salen de forma ordenada de los sitios donde se encuentran, con la regla básica «no corro, no grito, no empujo».

Aunque para ser honestos, al aviso de marras le faltaba algo que quizá por demasiado presente en el momento de diseñarse, o de elegir la mejor y más asertiva de las opciones, se obvió: especificar que estas medidas eran para casos de peligro ante un terremoto o temblor. A alguna mente brillante no le pareció necesario y se inundaron todos los colegios con estos carteles en sus diferentes modalidades, colores y posibilidades gráficas, hasta pintados en las paredes los he visto allí donde el presupuesto, o las ganas de mandarlos comprar, no llegaron. Pero siempre con el mismo sempiterno mensaje autorrepresor, de ahí el uso de la primera persona del singular del presente de indicativo. El impacto de la medida fue, y es tal, que en mis conferencias suelo animar al público a terminar la frase «no corro, no grito...» y todos los asistentes, alumnos de cualquier edad y grado o sus padres, siempre gritan al unísono: «¡No empujo!».

> No corro. No grito. No empujo. Una frase que varias generaciones de mexicanos aprendieron de memoria desde niños.

Es un lugar común, es cierto, y no está carente de la mejor de las intenciones posibles, eso tampoco lo dudo. Lo que sí que pongo en cuestión es la idoneidad de marcar todos los espacios comunes y de esparcimiento de los alumnos en sus tiempos de recreo y ocio con restricciones que, con el pasar de los años y no siendo estas todo lo concretas y precisas que debieran, lo que han conseguido y consiguen es inhibir el juego de los menores.

En México y otros puntos de la geografía latinoamericana la figura del prefecto[19] es muy habitual en las instituciones de enseñanza desde primaria hasta bachillerato y la llamada al orden y la

19 Para quien lo desconozca, un prefecto o prefecta es un trabajador miembro de la comunidad escolar encargado de vigilar y mantener el orden y, en la medida de sus conocimientos, orientar a los alumnos y mediar entre estos y las autoridades de la escuela.

disciplina constante bajo el voceo de «no corro, no grito, no empujo» es una cantinela habitual cada vez que los alumnos están en los pasillos o en los patios de recreo.

Si impedimos que los niños corran, griten o se empujen en todo momento sin la necesidad de la amenaza de un terremoto, ¿a qué tipo de juegos los estamos relegando?, ¿al ajedrez o a las damas?, ¿o directamente a clavar la cabeza en sus teléfonos móviles?, en vista de que el desconocimiento del nombre de sus propios compañeros los empuja a permanecer solos, igual que cuando salen a la calle obligados fuera de sus casas, si es que sus padres se toman esa molestia, para que al menos les dé un poco el sol.

La limitación de las capacidades psicomotrices y habilidades sociales que arrastran no se ve compensada con la actividad física inherente a los juegos, ni tampoco la actualización de sus marcos de relaciones sociales porque, simplemente, tampoco juegan en la escuela, y como te decía mucho más atrás, las dos horas semanales de educación física que por ley deben practicar no sirven tampoco de mucho.

Me dirás que exagero y es muy posible, pero ¿a quién y por qué le interesaría que los niños no jugaran en las escuelas? Siempre buscamos un culpable, ya lo sabes, y siempre creo, salvo contadas excepciones, que las culpas y las responsabilidades están muy repartidas cuando hablamos de acciones sociales o políticas, aunque casi nadie las quiera asumir. Pero piensa esta cuestión desde un punto de vista espacial, casi arquitectónico, de eficiencia de los espacios. ¿Qué sucede cuando los alumnos de un colegio no juegan? Pues obviamente lo primero y más inmediato es que no precisan del espacio que necesitarían si jugaran, porque correr y empujarse, como en tantísimos juegos infantiles, precisa de mayor espacio que pasear lánguidamente con la cabeza agachada o permanecer sentados. Y si ocupan menos espacio podríamos meter a más niños por colegio haciendo más aulas en el mismo espacio, ¿no es cierto? Incluso no haría falta hacer aulas nuevas, bastaría con hacinarlos en las ya existentes, porque al no jugar en los patios y explanadas tampoco «pasaría nada», ¿no?

Ahora pensarás que además de exagerado soy un mal pensado y solo busco la provocación, o peor aún, ¡un conspirador! Pero no creo que a nadie se le ocurriera esta maldad, simplemente es un cúmulo de circunstancias sin intención manifiesta, que pudieron concatenarse y que a ojos poco instruidos hasta pudo parecer una solución más que un problema y, claro, de aquellos barros, estos lodos.

> México ocupa el primer lugar entre los países de la Organización para la Cooperación y el Desarrollo Económicos (OCDE) con más alumnos en un aula por cada maestro que da clase en primaria, secundaria y bachillerato.

Es impensable que haya una mano negra detrás de esto, sería maquiavélico y además una enorme putada, porque una *ratio* de 30 o 32 alumnos por salón de clase y profesor es un desastre educativo más que demostrado, y por tal motivo cualquier sistema de enseñanza que se precie busca acercarse lo más que pueda a la mitad de esa cifra, para brindar un servicio justo y de calidad a sus alumnos, como bien saben las instituciones privadas de este mismo país.

> Pero lo más grave, destaca la OCDE, es que la brecha entre escuelas públicas y privadas en nuestro país es la más acentuada de todas las naciones que pertenecen al organismo in-

> ternacional, pues por cada docente en instituciones públicas hay 15 estudiantes más que por un maestro en una institución privada.
>
> En consecuencia, «la mayor diferencia entre los dos tipos de escuelas entre los países de la OCDE y los países asociados» se registra en México.
>
> Esta situación muestra que grupos grandes disminuyen el aprendizaje de los estudiantes, porque el maestro tiene que dedicar más tiempo de la jornada en poner orden.

También encontraremos estos carteles en las escuelas privadas, no lo dudes, aunque en menor medida. Y no, estas señaléticas no tienen la culpa del hacinamiento de los alumnos en las escuelas públicas mexicanas, pero sin duda ayudan mucho a las labores de domesticación, pastoreo y gestión de espacios. Y más cuando los estudiantes mexicanos son de los que más horas pasan al año estabulados en las instituciones de enseñanza,[20] para que así sus padres puedan seguir ostentado el récord de mayor número de horas trabajadas por habitante al año del mundo.

---

20 A partir del ciclo escolar 2016-2017 en México aumentaron las horas en preescolar y primaria tras la reforma educativa, según informó la Secretaría de Educación Pública de este país. Durante este periodo se impartían 800 horas al año en escuelas de horario regular, 1 200 en las de jornada ampliada y 1 600 horas en las de tiempo completo; 24 250 escuelas de este último tipo operaban en el territorio nacional. En secundaria el número de horas lectivas ascendió a 1 167 horas al año. Para que te hagas una mejor idea, en Finlandia a los alumnos de primaria se les imparte 680 horas al año y en secundaria 595; obviamente aquello de «cuanto más mejor» no aplica en todos los casos, ¿no te parece? A los resultados me remito. De hecho, el fracaso en México de este modelo de extremos unido a la pandemia obligaron a repensar cómo recortar horas, aunque el estira y afloja sigue entre el Gobierno central y varios estados que aún apuestan por este modelo.

Lo que todavía no alcanzo a entender, y a ver si tú me puedes ayudar, es por qué estas señaléticas se extienden por igual en ciudades tan conocidas como Monterrey o Ciudad Juárez, que están, como es sabido, en zonas de escasa actividad sísmica o muy poco frecuente, como afortunadamente otros muchos puntos de la geografía mexicana. ¿Por qué demonios las escuelas, públicas o privadas, de ciudades como estas y de todo el país, están llenas de esos malditos carteles, y, de no estar, igual lo vocean los prefectos en los patios de recreo? ¿Quiénes son los imbéciles que los han puesto de forma tan indiscriminada y sin especificar su uso concreto y específico en caso de terremoto o temblor o cualquier otra emergencia, y no como un inhibidor del juego de los escolares? ¿Y qué diablos están esperando los padres y madres de los alumnos que allí estudian para obligar a los centros, ubicados en ciudades donde es menos probable que tiemble la tierra, a que los quiten o los modifiquen inmediatamente? ¿O es que ya nos parece natural que los niños tampoco jueguen en las escuelas? ¿De verdad estás dispuesto a tolerar esto después de todos los argumentos que te he expuesto? ¿Que no va contigo? ¿Que tus circunstancias son otras? ¿Que esto es lo que hay y que de nada sirve intentar cambiarlo? ¿Que ya nadie conoce a nadie?

Aún no te has dado cuenta de qué va todo esto, ¿verdad? ¿Y si resulta que sí?, ¿que sí hay niños hoy en día que conocen a los hijos de sus vecinos y a qué se dedican los padres de estos? ¿Y si estos niños sí jugaran entre ellos, se divirtieran, aprendieran y se desarrollaran relacionándose con los demás? ¿Y si te digo que no hay que irse a Finlandia para verlo, que hablan tu mismo idioma y viven en la misma ciudad que tú y no lo sabes? ¿Y si estamos haciendo el tonto pagando un precio imposible por un modo de vida vacío y puramente aspiracional, que no nos lleva más que a la frustración y el desastre, mientras otros cerca de ti y a los que calienta el mismo sol que a ti por las mañanas, gozan de vivir relacionándose y confiando los unos en los otros y viendo orgullosos cómo son capaces de prosperar juntos mientras tú te pudres creyéndote un ejemplo de libro de clase media moderna? ¿Sabías que también puedes encontrar estos desafortunados carteles en los reclusorios mexicanos?[21] Y no, tampoco pone «en caso de sismo».

21 En una visita al Reclusorio Oriente de la Ciudad de México en el invierno de 2019, para impartir una conferencia a un grupo de presos, me encontré el mismo cartel pintado en gran formato en una de las escaleras que usan los presidiarios para bajar al patio de recreo. Al preguntar a la funcionaria de prisiones que me acompañaba si conocía otros avisos semejantes en otros reclusorios, me contestó que estaban en todos los que ella, tras ocho años trabajando como psicóloga en el sistema penitenciario mexicano, conocía.

Hay niños que sí juegan, pero tú no lo sabes

Existe todo tipo de seudoclanes que nos brindan la posibilidad, al menos en parte, de sentirnos miembros de pleno derecho de un grupo cohesionado y bien definido en el cual poder confiar. Las aficiones deportivas, las tribus urbanas, las sociedades de todo tipo como los masones, los rotarios o los partidos políticos y hasta las bandas criminales. Todo vale en este juego, como ya te comenté de forma más extensa en un anterior librito. Es importante mencionar que estos modelos raramente permiten un desarrollo completo de las relaciones sociales. No son como una tribu, aunque esa sea su génesis inspiracional y más tarde o más temprano haya que hacer cosas fuera de ellos y con gente no perteneciente al mismo círculo de confianza. Esto es fácil de entender. Puedes ser masón, pero no así tus compañeros de oficina o tus vecinos, o tus familiares, y por extensión raramente tendrás la oportunidad de que tus hijos, si los tuvieras, puedan jugar con los hijos de otros masones, por ejemplo. Por esta razón son seudoclanes.

Pero ahora vamos a volver a hacer un ejercicio imaginativo juntos, ¿te atreves? Ya sabes que normalmente acabo chamuscándote los bigotes... Vamos allá, otra vez.

Imagina que en tu ciudad, o cerca de esta, hubiera una tribu primitiva que viviera en una zona muy específica y bien delimitada, protegida y autorresguardada de las miradas de los curiosos para preservar así su modo de vida. En este clan, los vínculos de fraternidad y familiaridad serían la base de la convivencia. Los hijos de una y otra familia compartirían guarderías, escuelas, bachilleratos y hasta universidades comunes a las que nadie más que ellos tienen acceso, pues están diseñados solo para sus necesidades y peculiaridades culturales. Y en su propia restricción está la clave de su supervivencia. Sus hogares siempre estarán abiertos a la entrada de los hijos de los vecinos para jugar, incluso para sus padres, a los que siempre procuran y con los que comparten alimentos y tiempo de ocio. Gozan de grandes zonas comunes para celebrar fiestas, acontecimientos sociales como bodas o bautizos y otros ritos más variopintos, como las ceremonias de paso de una edad a otra, o competiciones para medir sus destrezas físicas o en la doma de animales, por ejemplo, como pueden hacer los yanomamis en el centro de sus grandes casas comunales en la selva amazónica.

Este clan gusta de viajar juntos, de hacer juntos incursiones en el mundo exterior para conseguir provisiones o mercancías valiosas, para descubrir nuevos sitios de recreo, diversión o caza, para disfrutar del mar, o de la nieve o de conocer y compartir gustos y aficiones comunes con miembros de otras tribus semejantes alrededor del mundo. Llegada la madurez de sus hijos, cuando ya tienen que trabajar para subsistir por ellos mismos, lo harán gracias a su propia red social de relaciones, trabajando junto a los padres de sus compañeros de juego y escuela. Llegado el momento de emparejarse, sucederá lo mismo, de ahí la necesidad de conocer a otros clanes semejantes en el mismo país o fuera de él, para así mantener siempre intactas las relaciones de confianza que les han permitido sobrevivir durante generaciones, siglos, y de ahí el gran recelo que siempre tendrán a que alguien no perteneciente a su clan irrumpa y se proclame su igual. Interesante, ¿verdad? ¿Te lo puedes imaginar?

Pues deja de imaginar aborígenes con taparrabos, lanzas y flechas, cuáqueros o menonitas y mira cómo viven los ricos, los de verdad, no los aspirantes a «clasemedieros» como tú y tus vecinos a los que tanto desprecias.

Los ricos, los de verdad, a los que no les importa pagar 61 000 dólares por un pasaje en el *Titanic* y mucho más, con un simple chasquido de dedos, viven todos juntos en las zonas más exclusivas, reservadas y nobles de tu ciudad, o en complejos privados y ultraprotegidos en las inmediaciones de la mancha urbana. Sus hijos crecen juntos, estudian juntos en instituciones tan restrictivas y selectas que no basta el dinero para entrar, hay que ser del clan. Viajan juntos en sus aviones y yates, compran en las mismas tiendas que solo abren para ellos. Practican juntos los mismos deportes en sus propias instalaciones o en los clubes más exóticos y ridículamente restrictivos que puedas imaginar. Montan a caballo, juegan polo, esquían en las mismas estaciones. Veranean en los mismos sitios de moda que no conocerás jamás, se intercambian regalos y favores. Se casan entre ellos y se reparten los puestos más importantes en las empresas de los padres de sus compañeros de pupitre, en los Gobiernos en turno o en las corporaciones transnacionales que definen el rumbo de tu vida y de la mía.

Ellos confían los unos en los otros y por eso recelan tanto de los «nuevos ricos», esos advenedizos fanfarrones que «solo tienen dinero» y que aspiran a formar parte de su clase social. Porque ellos, amigo mío, sí tienen *conciencia de clase*, de la necesidad de la lucha por la supervivencia de su modo de vida. Y la defienden, obviamente a toda costa, frente a quien se atreva a cuestionarlos.

> Entre mayores niveles de educación y salario de los ciudadanos, estos tienden a confiar más en otras personas.

Los ricos, los de verdad, sí tienen conciencia de clase, pero nosotros no, nosotros no queremos ni oír hablar de eso porque suena a obrero, a pobre, a comunista, a antiguo y pasado. Ellos, los «ellos de verdad», a los que te quieres parecer y no lo lograrás nunca, sí saben que el todo, su todo, es muchísimo mayor que la suma de las partes que lo componen. Ellos sí saben que su unión y confianza mutua, y el producto de esta, son su mejor recurso a explotar, aunque todo su mundo esté edificado sobre el dolor, la infelicidad, las aspiraciones vanas y la desconfianza de todos los que como perfectos idiotas aspiramos a una casita mejor, lo más alejada posible de los demás; a un mejor coche; o cambiar de teléfono cada año, si es que no podemos permitirnos mirar más alto. A tener a nuestros hijos en los mejores colegios que nos podamos permitir, aunque sea en la otra punta de la ciudad y que, por tanto, jamás puedan jugar con sus compañeros de clase fuera del horario escolar, porque dentro no lo hacen, como jamás lo hacen ni lo harán con los hijos de tus vecinos. ¿Verdad que ahora ya entendiste a qué me refería al decir que *el nosotros* es el recurso a explotar? ¿Pero qué *nosotros* nos permitirá llegar a las estrellas? ¿Qué *nosotros* tendrá la fuerza suficiente para convertirse en el recurso que nos permita romper el círculo vicioso de nuestra propia aniquilación?

Ya hemos visto que es posible hacer las cosas de otro modo.

En Finlandia, desde la educación, parece que lograron cambiar su realidad social en menos de 20 años, aunque nunca hay que relajarse y confiarse ante estos grandes logros, porque los oportunistas siempre estarán ahí, deseosos de acercar el agua a su molino a costa del engaño o la pasividad de quienes los han puesto ahí. Ellos creen que así todo está arreglado ya y se pueden desentender de lo público, como buenos idiotas. Perdóname por repetirme tanto, pero no quiero que se te olviden algunos conceptos necesarios.

> Qué está pasando con la educación en Finlandia: «Los profesores piensan en dejarlo». Las dificultades se acumulan en el país que había sido considerado el gran modelo a seguir. Recortes, reformas y polémicas que están creando insatisfacción entre los profesores [...] las reformas realizadas durante la legislatura del conservador Juha Sipilä, que fue primer ministro entre 2015 y 2019. Un hombre de negocios que impuso reformas que no habían sido consensuadas con otros actores sociales como los sindicatos [...] «El gobierno renovó y deconstruyó la infraestructura educativa mientras recortaban la financiación» [...] «Hubo poca coordinación entre la miríada de reformas que se estaban poniendo en marcha al mismo tiempo».

Hemos visto también cómo Noruega, con sus políticas económicamente responsables en la gestión y capitalización de sus recursos naturales, comprometidas con su propio futuro, también ha logrado girar su realidad y ponerse en la vanguardia ecológica del mundo, aunque como también tiene culo, es normal que de vez en cuando la caguen como todo el mundo.

Pero recuerda esto, o grábalo a fuego en la cabecera de tu cama o tatúatelo en el muslo para poder leerlo todos los días por las mañanas cuando te sientes en el trono de porcelana. Los ricos, los de verdad, también los de tu país, nunca han dejado de confiar los unos en los otros, y también parece que históricamente y hasta la fecha no les está yendo del todo mal. Aunque tú y yo sabemos que como no cambien de verdad las cosas en el mundo, serán los últimos en morir.

¿Qué necesitamos nosotros, *nuestro nosotros*, para abrir los ojos de una puta vez y darnos cuenta de que el mundo se está desmoronando entre nuestros dedos? ¿No ves que así como vamos jamás saltaremos siquiera a ser una civilización de tipo I sin consumirnos antes? ¿No hemos entendido ya que, si algo no cambia en los próximos lustros, de manera absolutamente radical, no quedará nadie sobre la Tierra que pueda inventarse el nombre real de esta *era de idiotas, la última de nuestras eras*?, ¿cómo podremos mirar a los ojos a nuestros hijos sin sentir vergüenza de la mierda de herencia que les estamos dejando?

DEUS EX MACHINA[1]

Hitler sabe que tendrá que destruirnos en esta isla o perderá la guerra.
Si logramos hacerle frente, toda Europa podrá ser liberada y la vida del
mundo avanzará hacia vastas alturas iluminadas por el sol.

Pero si fracasamos, entonces el mundo entero, incluidos los Estados
Unidos, incluido todo cuanto conocemos y amamos, se hundirá
en el abismo de una nueva era oscura más siniestra, y quizá más
prolongada, por las luces de la ciencia perversa.

Así pues, abracemos nuestros deberes, y comportémonos de tal
manera que, si el Imperio británico y su Commonwealth duran mil
años, los hombres seguirán diciendo: «Aquella fue su mejor hora».

WINSTON CHURCHILL, 18 de junio de 1940

---

1 La traducción literal de esta voz latina es «Dios desde la máquina». Esta expresión alude a un recurso muy del gusto grecolatino para solucionar las intrincadísimas tramas de sus representaciones teatrales. Cuando parecía que no había solución argumental posible y que jamás se llegaría a la catarsis final, hacían descender sobre el escenario, con cuerdas y poleas, a un actor encargado de encarnar a la divinidad en turno que, por supuesto no había hecho acto de presencia durante toda la representación, y a golpe de autoridad celestial resolvía la trama y daba un justo final a la obra.

La esperanza es lo último que se vende

En 1898 H. G. Wells hizo que a miles de personas de todo el planeta se les encogiera el corazón, u otras partes más sensibles del cuerpo, cuando describió cómo los marcianos nos invadían y casi nada podíamos hacer para impedirlo. El ejército británico se esforzaba por acabar con los invasores, aunque poco lograban los cañones y las bombas frente a los rayos calóricos extraterrestres. De pronto, y perdón por el *spoiler*, en la noche del vigesimoprimer día de invasión, cuando todo parecía abocado al fracaso, cuando las esperanzas se desvanecían, de repente, e igual de inesperado que la llegada de los marcianos, estos fueron encontrados muertos sin presentar más batalla que su propia agonía, y así se salvó nuestra civilización. Algún tipo de germen microscópico terrícola fue nuestro adalid, nuestro salvador *in extremis*, el azote de los marcianos, que simbolizaban el fin de nuestra existencia. Aquí tenemos un ejemplo perfecto de *deus ex machina*, como el que curiosamente hoy pareciera que todos estamos esperando lejos ya de la ciencia ficción victoriana de Wells, para solventar, una vez más, unos problemas que a primera vista no hay quién o qué los quiera o pueda solucionar.

Nuestra ingenuidad o profunda indolencia, según como se quiera mirar, ante los dramas medioambientales, económicos, políticos o humanitarios, que no suceden justo bajo nuestras narices y, por ende, creemos que no nos afectan, es tan obvia y obscena que tras un suspiro viendo las noticias más trágicas y demoledoras en la televisión, u ojeando el *timeline* de nuestra red social preferida podemos pasar, sin el menor remordimiento, a cualquier otra cosa que nos sea de mucho mayor provecho y trascendencia en nuestra excelsa existencia, como cortarnos y pintarnos las uñas de los pies, o darle un *me gusta* al nuevo video recién subido de ese cantante pop adolescente que tanto nos fascina, mientras escupe el muy cretino sobre un grupo de fans histéricas desde el balcón de su *suite* en un hotel de Toronto.

Y todo sigue girando igual, porque creemos, porque queremos creer y nos esforzamos en hacerlo, que no podemos cambiar absolutamente nada. Que esas cosas horribles que vemos en la televisión o en las redes sociales suceden y sucederán querámoslo o no. Y que ya estamos haciendo bastante pidiendo menos bolsas de plástico en el supermercado o dejando de sorber groseramente nuestro refresco carbonatado e hiperedulcorado *light* con electrolitos favorito, con popote, cañita, sorbete, carrizo, pajitas o como te dé la gana que llamen a estos adminículos de plástico antiecológicos engendrados por el mismísimo Satanás en tu país.

Es cierto, lo que haces por mejorar el mundo es un gran sacrificio, no me cabe duda, y aún no sé cómo no te han dado ya un premio... o una merecida buena patada allí donde la espalda pierde su honroso nombre, y no es la nuca.

«Pero ¿qué puedo hacer?».

Estarás preguntándote esto en el mejor de los casos, o quizá ni eso. Pues lo primero es ser consciente de que es muy posible que no estés haciendo absolutamente nada significativo más allá de un par de «buenas acciones» al inicio de año. Y si crees que lo haces, ten mucho cuidado con no estar siguiendo una simple moda pasajera que solo beneficia a unos pocos que, ciertamente, no necesitan este tipo de ayuda más que para seguir enriqueciéndose a costa de muchos como tú. Y lo siguiente, si puedes, será usar el pensamiento crítico y no esperar a que otro u otros se hagan esta pregunta por ti. Porque es muy posible que las conclusiones a las que ellos lleguen, si están en las antípodas de tu mundo física o figuradamente hablando, de poco o nada pueden servirte, más que como mera inspiración motivacional, y no creo que sea eso lo que necesitas.

Porque en este juego tan humano de no hacer nada, más que alzar el tono del discurso usando las mayúsculas y los emoticonos enojados en las redes sociales, igual que hacen los borrachos en los bares, como nos recordó muy acertadamente Umberto Eco,[2] lo único que estamos consiguiendo es aumentar el ruido, el caos informativo, e *infoxicándonos* a golpe de no hacer nada en realidad.

> Los individuos que se unen en un enjambre digital no desarrollan ningún **nosotros**. Este no se distingue por ninguna

2 Él dijo: «Con i social parola a legioni di imbecilli». Te lo amplío: «Las redes sociales les dan el derecho de hablar a legiones de idiotas que primero hablaban solo en el bar después de un vaso de vino, sin dañar a la comunidad. Ellos eran silenciados rápidamente y ahora tienen el mismo derecho a hablar que un Premio Nobel. Es la invasión de los idiotas».

> concordancia que consolide la multitud en una masa que sea sujeto de acción. El enjambre digital, por contraposición a la masa, no es coherente en sí. No se manifiesta en una voz. Por eso es percibido como ruido.
>
> Byung-Chul Han

Supongo que ese «nosotros» (marcado hasta en negritas en el texto original) ya te sonará, pero desde la falsa «privacidad» individual que nos hemos fabricado en ese tan bien diseñado *enjambre digital* no existe un «nosotros». No existe una «multitud» consolidada en una «masa», ni un «sentimiento de clase» que nos dé sentido e identidad y nos cohesione como un «sujeto» —colectivo— «de acción».

Así que realmente es casi imposible, desde las herramientas que ahora usamos para socializar y relacionarnos con los otros, pasar del mero «activismo de sofá» a esa otra acción real que sea posibilitadora de algún cambio, a menos que el estímulo emocional sea tan fuerte que nos obligue a tirar de la cartera, ¡o incluso a salir a votar!, para apoyar a aquellos que han sido capaces de recordarnos que tenemos un corazón en el pecho que palpita. Corazón en el que creemos que radica la esencia del mundo y nuestra posibilidad de trascendencia. Esto es: las emociones de las que somos adictos y que mal conforman, al menos, lo que creemos que es «nuestro mundo», donde el otro no tiene cabida y menos si no se parece a ti. Pero de esto ya te hablaré antes de acabar este librito para recordarte que el corazón, al contrario que la cabeza, no es más que un músculo muy fácilmente manipulable. Y ten presente, además, que siempre que te lo propongas podrás oír tus pensamientos pero nunca a tu propio corazón, mas sí el de los demás al acercar un oído a su pecho pero jamás lo que están pensando, a menos que se los pidas y quieran hacerlo, si confían en ti.

Sea como fuere, esa privacidad de las redes sociales, y la libertad de acción y autonomía que en ellas creemos gozar, no es más que un juego de apariencias vacías, un dramático espejismo desde el momento en el que todas nuestras acciones están siendo monitoreadas, cuantificadas y vendidas al mejor postor, con nuestro consentimiento explícito, ese que dimos sin leer cuando abrimos la cuenta para gozar de los parabienes del panóptico digital. Pues todas estas plataformas son empresas privadas que pueden hacer «casi» lo que quieran con tu intimidad y el sinfín de datos personales de consumo, tendencias políticas y gustos de todo tipo que vuelcas diariamente en ellas. Y si te crees, como el común de los mortales, más listo que tu vecino y que a ti no te pasa nada de esto, recuerda, como ya te comenté en alguna ocasión anterior, que nuestro juicio crítico y nuestra capacidad de discriminación sobre lo que consumimos en estas plataformas está filtrado, escogido y presentado a nuestros ojos por un algoritmo matemático que solo muestra aquello que tanto nos gusta y cuya única función es tenernos enganchados día y noche, y así no estás excitando tu capacidad crítica, ¿o sí?

> «Las investigaciones internacionales coinciden en que los adolescentes tienen el celular encendido las 24 horas [...] El teléfono no solo está activo, sino que está prácticamente en sus manos todo el tiempo», señaló la doctora Roxana Morduchowicz, especialista en cultura juvenil, consultora de la Unesco.

«¡Pobres adolescentes!», estarás pensando para autoprotegerte, porque ya oyes el zumbido oscilatorio del mazo otra vez.

¡Claro, porque a ti hace mucho que dejó de salirte acné en la cara y controlas perfectamente lo que haces! Eliges con cuidado a tus amigos y quién puede seguirte y quién no; eres el dueño de tu vida y tus relaciones, y decides a qué comunidad, grupo o colectivo brindarás el impagable honor de poderte sumar entre sus miembros. Eres el dueño de tu voluntad y decides qué pensar y cómo actuar, y eso te ha costado mucho esfuerzo y dolor, pero ahora sabes perfectamente quién eres, ¿no es cierto?

> La cuestión de la identidad ha sido transformada de algo que viene dado a una tarea: tú tienes que crear tu propia comunidad. Pero no se crea una comunidad, la tienes o no; lo que las redes sociales pueden crear es un sustituto. La diferencia entre la comunidad y la red es que tú perteneces a la comunidad, pero la red te pertenece a ti. Puedes añadir amigos y puedes borrarlos, controlas a la gente con la que te relacionas. La gente se siente un poco mejor porque la soledad es la gran amenaza en estos tiempos de individualización. Pero en las redes es tan fácil añadir amigos o borrarlos que no necesitas habilidades sociales.
>
> Zygmunt Bauman

Y por supuesto, si has decidido que no puedes hacer nada para mejorar el mundo es porque lo tienes muy claro, muy analizado, muy contrastado desde tus fuentes hiperfiables de información en las redes y has llegado a la sesuda conclusión de que nada puedes hacer realmente, ni tú ni nadie pueden hacer nada. Así que solo es cuestión de esperar con tranquilidad, lo más a gusto posible, siempre teléfono en mano, por si se ofrece. Sí, alguien lo hará por ti, seguro que sí, pero mañana. Mientras, hoy tienes cosas más importantes que hacer con tu vida como, por ejemplo, «ser la mejor versión de ti mismo», porque además ya sabemos que el mundo es una mierda y lo controlan otros, que son los que tienen que arreglarlo. Y de un plumazo ya arreglaste el mundo, tu maldito mundo, no hay nada más que decir porque ya está todo dicho...

> Estas (las habilidades sociales) las desarrollas cuando estás en la calle [...] Ahí tienes que enfrentarte a las dificultades, involucrarte en un diálogo [...] Mucha gente usa las redes sociales no para unir, no para ampliar sus horizontes, sino al contrario, para encerrarse en lo que llamo zonas de confort, donde el único sonido que oyen es el eco de su voz, donde lo único que ven son los reflejos de su propia cara. Las redes son muy útiles, dan servicios muy placenteros, pero son una trampa.
>
> Bauman

Dejemos de hacer trampas

Porque hacer trampas a nuestra máxima de ser animales políticos es querer virtualizar el mundo real,[3] querer metamorfosearlo a imagen y semejanza de tu yo virtual, de tu avatar cibernético, que siempre tiene el comentario rápido e ingenioso para cualquier noticia por intrincada que esta sea. Un mundo real virtualizado y simplificado, que solo responde a la emoción inmediata, a la búsqueda del «me gusta» censurante y rector que decide qué decir y qué no, al dolor de barriga y al quebranto de dientes para opinar y tirar mierda por doquier impunemente.

Ese donde proyectas tus anhelos y sublimas tus miedos e inseguridades es un mundo virtual donde solo muestras lo que crees que se ha de valorar positivamente: la foto de tu comida en un restaurante, las vistas del mar desde el hotel donde vacacionas, la ruta

[3] Agradezco especialmente a mi amigo, colega y paisano José Carlos Ruiz su claridad a la hora de exponer este concepto de la *virtualización* de la realidad en su *El arte de pensar*.

de tu carrera matutina por el parque antes de ir a trabajar, el motor del avión mientras despegas, lo bien apretadita que te queda la ropa o tu nuevo corte de cabello. ¿Y todo lo demás? ¿No importa? ¿Acaso no eres tú también?

Tan pronto intentes virtualizar tu realidad tendrás que buscar la forma de invisibilizar ante tu conciencia de animal humano todo aquello que la hace llamarse así, *realidad*: las relaciones forzosas con las personas que pululan cerca de ti, aunque no las quieras como amigos; el trabajo, donde te igualas con el resto de personas que hacen lo mismo que tú y donde no destacas especialmente; el transporte público, donde viajas hacinado y lejos de oler a los demás te das cuenta de que también a ti se te llega a olvidar el desodorante; o las compras obligadas y que aún no se pueden hacer todas por internet; tus achaques de salud o esos defectos físicos que tanto crees que te condicionan ante el qué dirán de tus amigos y seguidores. Y sobre todo y para concluir, si deseas virtualizar tu realidad debes desdeñar y condenar al destierro de tu cotidianidad esa cosa tan recomendable para otros, no para tus aspiraciones egoístas, y que nos hace tan humanos cuando lo usamos: el pensamiento crítico.

Por eso, hacer trampa es engañarte creyendo que, aunque todo pinte tan mal y teniendo en cuenta que lo que yo te he mostrado no es más que la punta del iceberg, las cosas se van a arreglar por sí solas, como sucede en tus redes sociales con aquellas informaciones que no son de tu agrado y que en minutos desaparecen de tu vista en cuanto dejas de interactuar con ellas y tu algoritmo no detecta una emoción manifiesta hacia estas. Entonces sigue en su labor incansable de solo mostrarte lo que te gusta, lo que te motiva, lo que te entretiene, lo que te hace pasar horas con cara de tonto arrastrando el dedito de arriba abajo sobre la pantalla de tu teléfono metido en esa cámara estanca que solo proyecta tu propio eco.

Trampa es pensar que los críticos somos la voz de un pesimismo que no hace más que crear alarmas sin fundamento, o con un interés oculto y retorcido, y que lo que tenemos que hacer es confiar y comprar a precio de costo las esperanzas que nos están vendiendo y que nos resultan tan placenteras y fáciles de digerir. Porque la ciencia y la tecnología están avanzando tan rápido que pronto nos darán respuestas y soluciones que, ahora mismo, nos parecen cosa de dioses del pasado o de superhéroes cinematográficos.

Trampa es creer que los hombres serán capaces de arreglar sus diferencias de un día para otro sin transición ni un cambio necesario de mentalidad, de moral; que no somos tan animales; que no nos vamos a autoextinguir, aunque ningún animal, salvo nosotros mismos, sería capaz de lograr eso; y que nuestros políticos, representantes y dirigentes sabrán reencauzar esta situación dentro de algunas décadas cuando sea realmente necesario. Pero eso sí, sin dolor ni quebrantos; de haberlos, qué más da, no estarás allí para sufrirlos. Incluso hay quienes han caído en la trampa de los crecepelos y los elixires exóticos y ven en la iniciativa privada un acicate, o un revulsivo, para que distintos Gobiernos mundiales se pongan manos a la obra. O hasta van más allá, y ven a estas empresas y corporaciones como una solución más que plausible si finalmente las naciones no llegan a tomar cartas en el asunto. ¿Plausible para quién? ¿En qué planeta están esas empresas?, ¿qué energía y recursos utilizarán para lograrlo?, ¿cómo evitarán esquilmar el planeta antes de poder dar el salto civilizatorio?

Básicamente, y para no hacerte esto demasiado largo, la mayoría optimista confía en que el futuro, como un niño que con su pan o torta al nacer, traerá bajo el brazo la solución de todos nuestros problemas, por muy enmarañados que nos puedan parecer, aunque ya no sea tan listo como se supone que lo fuimos nosotros. Así que simple y cómodamente, por ahora solo hay que esperar y disfrutar de la vida lo más que se pueda, por agónica y frustrante que esta pueda llegar a ser, para así poder demostrar ante los demás lo tremendamente felices que somos en este tramposo mundo virtual de mierda que nos estamos fabricando y nos queremos tragar con un embudo más grande que nuestras propias gargantas fatigadas. Esto es, hemos idealizado los logros del futuro, lo hemos divinizado, y creemos que este habrá de aparecérsenos como dios salvador del mundo en el último momento, con un abanico de soluciones mágicas, casi como un milagro, cuando todo parezca perdido, para salvarnos.

Claro que sí.

La utopía científica

Pensar que la ciencia crece por sí misma sin mayor motivación que la pasión por el descubrimiento, la experimentación, el aprendizaje o el bien común es aún más ingenuo que pensar que todos los matrimonios son por amor o que todos los hijos son deseados. Una cosa es lo que debería ser y otra, muy diferente, lo que es... ¡Bendito Parménides! Pero curiosamente estas ideas cándidas jamás han estado en la cabeza de los científicos; más bien son patrimonio de aquellas personas que de verdad no tienen ni idea de qué es la ciencia ni de cómo funciona y que tan solo sustituyeron en su lenguaje sin saberlo la palabra *magia* por la palabra *ciencia* y esperan que su benignidad nos ilumine y nos lleve a las estrellas sin más, utilizando como combustible el repiqueteo de las campanillas de un árbol de Navidad o las risas y los aplausos de los niños al ver a los payasos tirarse mutuamente pasteles a la cara.

Esto no es así ni mucho menos, y la ciencia y los científicos están condicionados y restringidos por sus propias realidades y necesidades, que pueden ir desde comer tres veces al día, en el peor y más común de los casos, a poder disfrutar de un mes completo de vacaciones o comprar un coche nuevo o una segunda vivienda en la playa. Dependiendo del lugar del mundo en el que desarrollen su actividad así serán sus expectativas personales y profesionales y así serán las exigencias de sus «patrones», pues quien paga a los científicos, sea quien fuere, es el que determina sobre qué investigar y ahondar, por muy autónomos que muchos se autoproclamen.

Y es que, para que te des cuenta de esto, no es lo mismo luchar contra el alzhéimer en los países más ricos del mundo que contra la diabetes, por ejemplo, en un país como México. Y si no llegas a ver claramente a lo que me estoy refiriendo, echa un vistazo a esta tablita que te dejo describiendo ambos casos. Y no dejes de prestar atención a la prevalencia de estas dos enfermedades en cada país y el gasto que llevan aparejados respectivamente, para que entiendas mejor aún, si cabe, aquello de nacer en el lado equivocado de la historia y las posibilidades de cada cual:

	México	Estados Unidos
Enfermedad	Diabetes mellitus	Alzhéimer
Mortandad	2.ª causa de muerte nacional	6.ª causa de muerte nacional
Población enferma %	15.8	1.75
Número de enfermos	20.41 millones	5.7 millones
Edad de desarrollo de la enfermedad	De los 20 a los 79 años, aunque puede empezar a desarrollarse desde los 10 años	A partir de los 65 años, solo 1% es anterior a esa edad
Gasto general anual	2 648 millones de dólares	277 000 millones de dólares

La diabetes, como ya hemos visto, es una enfermedad asociada a una nutrición deficiente y a un estilo de vida excesivamente sedentario, causante de las altas tasas de obesidad que son necesarias para desarrollar esta enfermedad. Aunque países como Estados Unidos de Norteamérica presentan también altas tasas de diabetes,[4] este tipo de padecimiento está asociado a estratos sociales económicamente más pobres y desfavorecidos, así como también a países en vías de desarrollo. La prioridad, pues, en el estudio y producción de fármacos y tratamientos para enfermedades relacionadas con los «males del primer mundo», como el mal de Alzheimer,[5] que es una enfermedad que afecta más a aquellos países con una alta tasa de población envejecida, y que tienen entre sus prioridades mantener una mayor calidad de vida en las distintas edades de sus ciudadanos, es más que evidente. ¿Viste los gastos? Me dirás que la diferencia en la esperanza de vida entre un país y el otro no distan mucho, y no te faltará razón, pero el porcentaje de población envejecida siempre es mayor en países desarrollados, tan solo porque las condiciones de vida son mejores y las personas sobreviven en mayor número. Además, ellos son, potencialmente, los que tienen más

---

4 Actualmente 9.4% de la población estadounidense padece esta enfermedad, y el gasto total del año 2012 ascendió a 245 000 millones de dólares, inferior al gasto declarado en la lucha contra el alzhéimer en 2018 y mucho menos si lo comparamos con el porcentaje de diabéticos de su población.

5 Según un artículo del periódico *Excélsior*, alrededor de 0.6% de la población mexicana padece de mal de Alzheimer, un dato sensiblemente inferior al estadounidense, factor íntimamente relacionado con las diferencias de la longevidad y calidad de vida. Hay que tener en cuenta que el riesgo de padecer esta enfermedad se duplica cada cinco años: a los 65 la probabilidad de padecerla es de 10% y hasta 50% para los que lleguen a los 85 años. Un país donde más gente llegue a vieja será un país con mayor impacto de este mal.

dinero para gastarse en tratamientos que les haga más cómoda la vejez, pues los sistemas de pensiones y salud de estos países así lo favorecen. Así que, siendo la diabetes una «enfermedad de pobres», se gastarán mucho más dinero en el tratamiento e investigación de la primera que en la segunda, a pesar de que la prevalencia de este mal de la sin memoria sea mucho menor.

> Las estadísticas mundiales permiten afirmar que la frecuencia o magnitud de la diabetes tipo 2 sigue en aumento y que está afectando principalmente a la población más desfavorecida socialmente. Es decir, este incremento particularmente rápido es mayor en países de ingresos medios y bajos. El aumento de la obesidad y el sobrepeso y el comportamiento demográfico de México, en donde se advierten cambios en la pirámide poblacional, agregará mayores condiciones de riesgo para la población adulta. Tales tendencias incrementarán la demanda de servicios de atención para diabetes en el corto, mediano y largo plazo e incrementarán los costos por su atención, principalmente los generados por sus complicaciones. Cabe mencionar que en 2011 México ocupaba el noveno lugar mundial en la prevalencia de diabetes y las proyecciones refieren que para el año 2025 el país ocupará el sexto o séptimo lugar.

Sí, hay muchísimas más personas mayores en el primer mundo, por si te quedaste pensando en eso, ¿te sorprende? ¿No te has fijado que en los países desarrollados se ven muchos más viejos y que existe toda una industria de servicios para la tercera edad? Me dirás que parte de este efecto, el de ver más viejos en estos países, es porque su tasa de natalidad es mucho más baja y que por tanto su porcentaje de viejos es mayor y por eso se ven más. Hazte un favor y piensa: ¿cuántos viejos ves a diario mientras usas el metro u otro transporte colectivo en tu país? Los niños, de los que ya hemos hablado, están debidamente estabulados en sus escuelas la mayor parte del día y no deberías poder verlos, a menos que estén pidiendo en las calles y los semáforos, si es que eso ocurre allí donde vives, quizá no. Haz el ejercicio sin prejuicios. ¿Cuántos viejos viven cerca de ti? ¿Y a partir de qué edad consideras que se les puede llamar viejos, o mayores, o de la tercera edad, 65, 70, 75 años...? Eso también dependerá desde qué parte del mundo me estés leyendo.

Si por desgracia no vives en esa parte del mundo tan envejecida, tendrás que ir a los supermercados para ver a algún anciano, esos que meten tu compra en bolsas a cambio de una limosna camuflada de propina. Y no me vale que una de tus bisabuelas viviera hasta los 100 años, fíjate cuántos de sus hijos, nietos y bisnietos cayeron por el camino:

	México	**Estados Unidos**
Esperanza de vida	75 años Hombres 72 Mujeres 78	77.28 años Hombres 74.5 Mujeres 80.2
Población de 55 a 64 años	8.3% Hombres 4 914 000 Mujeres 5 544 000	12.63% Hombres 20 661 880 Mujeres 21 304 874
Población de 65 años y más	8.3% Hombres 4 914 000 Mujeres 5 544 000	17.01% Hombres 25 415 271 Mujeres 31 130 997
Sumando total de 55 años en adelante	16.6% 20 916 000 habitantes mayores	29.64% 98 513 021 habitantes mayores
Población total	126 000 000 de habitantes Hombres 61 740 000 Mujeres 64 260 000	332 183 000 habitantes Hombres 164 224 068 Mujeres 167 669 677

Y es que la vejez, o más bien cómo alargar la vida, es realmente uno de los grandes temas generadores de investigación y nueva ciencia en los países más desarrollados. Lejos de erradicar el hambre en el mundo, o facilitar la vida al mayor número de habitantes del planeta, acabando con enfermedades que siguen siendo mortales en ese lado equivocado del que tanto hablo, conseguir la inmortalidad o algo que se le parezca es la piedra filosofal que muchos buscan y anhelan. Así que todos manos a la obra, a generar literatura, investigación científica, adelantos tecnológicos, a acondicionar las ciudades y los servicios públicos para una sociedad avejentada y a debatir ampliamente sobre los posibles conflictos bioéticos de la inmortalidad. Pero todo esto, como siempre, y recuérdalo bien, es solo para unos pocos y que no se entere jamás el que mendiga por un mendrugo de pan, el que quiere cruzar la frontera huyendo del hambre o la cacería humana, el que suplica por una vacuna comercializada bajo patente, o por electricidad, o por agua corriente, o por alcantarillado en su calle. Es mucho mejor que rece o que lo desee muy fuerte para que el cosmos se lo conceda, que eso sirve de mucho, ya lo sabemos.

> Cuando un animal ha pasado ya sus años reproductivos, puede convertirse de hecho en una carga para el grupo, y quizá es por eso por lo que la evolución ha programado que muera de vejez. En consecuencia, tal vez estemos programados para morir. Pero quizá sea también posible que podamos reprogramarnos a nosotros mismos para vivir más tiempo.
>
> Michio Kaku

Pero centrémonos nuevamente en lo nuestro. Si el gasto de Estados Unidos es 100 veces mayor en su batalla contra el alzhéimer que el mexicano frente a la diabetes, aun siendo la prevalencia del primero ostensiblemente inferior (un 15.8% mexicano de diabetes frente a un 1.75% de enfermos de alzhéimer al norte de la frontera), es obvio que las posibilidades gringas de acabar con el alzhéimer o desarrollar mejores medicamentos y tratamientos que alarguen y mejoren la calidad de vida de sus enfermos son mucho mayores que las posibilidades de México de erradicar la diabetes, o simplemente hacer más fácil y llevadera la vida de quienes padecen esta enfermedad, ¿no te parece?

«¡Pero la ciencia es internacional! Un descubrimiento científico en Estados Unidos es igualmente útil y aplicable en todo el mundo, ¿no?...».

Claro que sí, siempre que ese descubrimiento sea también útil para esa otra parte del mundo, que cubra una necesidad común y no algo anecdótico destinado a unos pocos privilegiados; que sea entonces un descubrimiento o avance tecnológico inclusivo y no solo para ricos, como los actuales coches eléctricos, por ejemplo, y además, que no exista una patente de por medio que impida su comercialización a un precio accesible.

Por si tienes mala memoria, te copio esto por aquí. No es más que una de tantas cosas bienintencionadas que propuso la OMS para salvar más vidas durante los momentos duros de la pandemia, aun cuando ya existían las primeras vacunas, y adivina tú mismo cómo acabó esta más que predecible historia:

> Coronavirus. La OMS apoya la propuesta de suspender las patentes de las vacunas contra el coronavirus: «Es ahora o nunca [...] Comprendo que los gobiernos tengan la obligación de proteger a los suyos, pero la mejor forma de hacerlo es suprimir el

coronavirus al mismo tiempo en todas partes», ha argumentado [Tedros Adhanom Ghebreyesus, director general de la OMS] [...] De aprobarse, la exención permitiría que copias de vacunas, tratamientos, pruebas de diagnóstico y otros fármacos contra el COVID-19 puedan empezar a producirse en países, a gran escala y a precios inferiores [...] La iniciativa ha encontrado oposición en muchos de los países donde tienen su sede las grandes farmacéuticas [...] Entre ellos se encuentran Estados Unidos, Australia, Noruega, Suiza, Brasil, Canadá, Japón, el Reino Unido y los Estados de la Unión Europea.

Investigación = Conocimiento = Poder

Como te decía hace unas páginas, quienes pagan a los científicos son dueños del producto resultante de sus actividades y tienen intereses muy concretos y muy bien definidos. Estos motivos, como ya imaginarás, se separan por mucho de aquello *del bien común* y se acercan más descaradamente y sin rubor al interés crematístico puro y duro de sus juntas de accionistas o patronos, más allá de aquel ideal tan trillado y políticamente correcto de ayudar a la humanidad.

Sigamos abundando en ejemplos, por si no queda claro del todo.

En 1994 la empresa estadounidense de diagnóstico molecular, Myriad Genetics Inc., en colaboración con la Universidad de Utah, que es una universidad pública (recuerda este dato), fueron los primeros en secuenciar el gen BRCA-1 y solicitaron protección inmediatamente, mediante una patente, para salvaguardar la exclusividad sobre sus posibles aplicaciones ulteriores.

> En 1997, junto con el Centro de Investigación del CHUL (Centre de Recherche du CHUL) en Canadá y el Instituto del Cáncer de Japón, les fue otorgada la patente sobre una secuencia aislada de ADN que codifica un polipéptido, logrando afirmar así sus derechos sobre una serie de mutaciones en el gen y sobre los métodos diagnósticos asociados a su detección. Otras aplicaciones de la patente fueron presentadas junto con el segundo gen, BRCA-2.

Estos genes quizá no te suenen lo más mínimo, pero ¿recuerdas que Angelina Jolie se sometió a una doble mastectomía preventiva y a la extirpación de los ovarios y las trompas de Falopio para evitar los riesgos inminentes de padecer cáncer, enfermedad de la que murieron su madre, abuela y tía? Pues ella supo que su riesgo de padecer cáncer de pecho y de ovarios era de un 87% y 50%, respectivamente, gracias a pagar entre 3 000 y 5 000 dólares a Myriad Genetics Inc. por el análisis de estos dos genes (estudio que de no ser de patente exclusiva costaría menos de 200 dólares en cualquier otro laboratorio). Este no es un caso aislado, ni mucho menos.

> Un 20% de los genes humanos descubiertos en Estados Unidos están patentados. La mayoría de estos están relacionados con enfermedades distintas como el cáncer, enfermedades neurológicas, etcétera.

Aun así, no han dejado de moverse estas cuestiones en los juzgados de medio mundo y de haber sentencias favorables al interés común que reivindican la necesidad de liberar esos conocimientos al mundo, como la del Tribunal Supremo de Estados Unidos de 2013, que decía:

> Los descubrimientos revolucionarios, innovadores y brillantes no son en sí mismos una aplicación [...] Las leyes de la naturaleza, los fenómenos naturales y las ideas abstractas son herramientas fundamentales para el trabajo científico y tecnológico que no entran en el ámbito de protección de las patentes.

Las problemáticas de las patentes no se limitan solamente al ámbito de la investigación en el sector salud. Todo el engranaje investigador y científico se mueve en virtud de ellas. Por ejemplo, cuando hablamos del *ranking* de las mejores universidades del mundo, uno de sus indicadores más potentes, junto con el número de galardonados con el Premio Nobel en plantilla, es la cantidad de patentes logradas, el éxito de estas, las patentes globales alcanzadas o citadas y un largo etcétera que siempre se traduce, ¿cómo no?, en rendimiento económico.

Cuanto más arriba en los primeros puestos, mayores fondos públicos o privados, o ambos, recibirán para seguir investigando. A mayor solvencia, mayor captación de talentos nacionales e internacionales y mayor número de patentes por ende, y así sucesivamente... Claro que... ¿qué patentes podrán salir de las investigaciones filosóficas, literarias, musicales, sociales, históricas, etc.? Piénsalo con calma, mientras ves sin mover ni un solo dedo cómo se debilitan o desaparecen las humanidades de los planes de estudio de primaria, secundaria y bachillerato de casi cualquier país del mundo.

> Por lo tanto, la educación para el crecimiento económico se opondrá a la presencia de las artes y las humanidades como ingredientes de la formación elemental mediante un ataque que, hoy en día, se puede observar en todo el planeta.
>
> Martha C. Nussbaum

Visto así, ¿en qué se diferencia la investigación universitaria a la propia de la iniciativa privada, como laboratorios médicos, empresas de alta tecnología, etc.? Pues la barrera es tan delgada y sutil que casi no existe en la mayoría de los casos, como vimos en el caso de Myriad Genetics Inc. y la Universidad de Utah.

Las universidades son instituciones privadas o públicas, de manera indistinta, que deben defender sus resultados económicos frente a sus patronos y financiadores, igual que cualquier empresa ante su junta de accionistas. De ahí la competencia por tener más patentes, más logros o mayor capacidad de *innovación*, otra gran palabra de principios del siglo XXI. Y si para eso deben unir sus intereses a los de cualquier empresa con fondos y necesidad de innovación, lo harán, aun a cambio de no poder compartir el resultado de su investigación, ni aun siendo una universidad pública. Así que lejos de lo que pudiéramos creer del mundo universitario, ambos modelos de enseñanza e investigación, el público y el privado, compiten abiertamente por encaramarse a los primeros puestos de cualquier lista que les pueda atraer más fondos, más contratos de investigación, más empresas o Gobiernos interesados, más prestigio, más conocimiento, más dinero, más poder; de ahí que ambos modelos compitan en las mismas ligas sin ningún pudor y enseñándose los dientes mutuamente:

Ranking de las universidades más innovadoras del mundo		
1	Universidad de Stanford (EUA)	Privada
2	Instituto Tecnológico de Massachusetts-MIT (EUA)	Privada
3	Universidad de Harvard (EUA)	Privada
4	Universidad de Pensilvania (EUA)	Privada
5	Universidad de Washington (EUA)	Pública
6	Universidad de Carolina del Norte Chapel Hill (EUA)	Pública
7	KU Leuven (Bélgica)	Pública
8	Universidad del Sur de California (EUA)	Privada
9	Universidad Cornell (EUA)	Privada
10	Imperial College London (Reino Unido)	Pública

¿Te huele a trama oculta y conspiración?

Tranquilo, esto no significa, de ninguna manera, que debamos recelar de los descubrimientos científicos y de sus aplicaciones tecnológicas o sociales en cualquier ámbito. Nada de eso, los adelantos son los que son y sus aplicaciones y beneficios históricos están ahí para evidenciar la necesidad constante de avanzar, aprender y seguir progresando, a pesar de llevar aparejado el enriquecimiento de algunos y la discriminación por insolvencia de muchísimos otros.

Como nos recordaría Jules Hoffman, premio nobel de Medicina en 2011: gracias a las vacunas, hablando de adelantos científicos, le pese a quien le pese, se ha conseguido salvar más de 1500 millones de vidas en el planeta desde su primera aplicación. Y añadía: «No vacunar es un crimen». Sin embargo, habrá quien vea en esta adecuación de la acción científica y el desarrollo tecnológico, emparejado al descarnado plano económico de la realidad en la que vivimos, como una posible justificación de todas esas estúpidas teorías conspiranoicas que pululan por la red y dan pábulo a ideas y tendencias tan dañinas, esta vez sí para todos, como dejar de vacunar a los niños o tratarlos con «métodos alternativos», o mil ideas absurdas más de las que ya estamos todos hasta las narices después de la que nos ha dado el maldito coronavirus.

Todas estas ocurrencias o préstamos del mundo mágico en realidad no son más que, en parte, la respuesta oportunista del mismo sistema económico que lo condiciona y controla todo, desde la investigación más seria y rigurosa hasta lo más ridículo y nimio, para rentabilizar esa pulsión «antisistema» que anhelan aquellos iluminados por el brillo de sus propias majaderías, ofertándoles todo tipo de productos inocuos a sabiendas del daño manifiesto que están causando. Sí, estos tratamientos son inocuos, no hacen nada, la homeopatía, el reiki, la acupuntura, las flores del Bach, la aromaterapia y todas las que quieras meter en este cajón de sastre, no paran ni pararán de crecer.

Repito: no hacen nada, a pesar de lo caros que pueden llegar a costar, ¿verdad? El problema no es su inocuidad, el problema es llegar a dejar de usar medicinas (así, sin adjetivos, porque solo hay una medicina por definición: la que cura, lo otro no es medicina) y tratamientos como la quimioterapia o similares, por estas otras sustancias, pócimas y prácticas milagrosas que más allá de los innegables beneficios del efecto placebo, ponen en riesgo la vida de los enfermos por su imposibilidad manifiesta de generar cualquier acción sobre nosotros, más que la de aligerarnos los bolsillos.

Pero estas insensateces no solo ponen en riesgo la vida de los que están enfermos, pues en esto habría algo de venganza darwiniana, una especie de paradoja redentora que da a cada uno lo que se merece. Lamentablemente, lejos de este regusto literario tan cercano al «ojo por ojo», las cosas son más serias de lo que a muchos les pudieran parecer:

> Una familia antivacunas ha introducido el sarampión en Costa Rica. El pequeño, de cinco años, ha sido el que ha contraído la enfermedad que llevaba desde hace cinco años erradicada en la región. Ni el niño ni la madre estaban vacunados del virus [...] Pese a la disponibilidad de una vacuna segura y económica, el sarampión fue la causa de 110 000 muertes en todo el mundo durante 2017, mayormente entre niños menores de cinco años, según informa la OMS. Esto equivale a 30% más respecto al año previo.

No, no te confundas de enemigo, el camino de la conspiración antisistema no es camino alguno. Las seudociencias son un error que además siempre ha estado ahí, una vieja trampa que se actualiza cada día y que se alimenta lamentablemente de la no participación del pensamiento crítico en la toma de decisiones cotidianas, e incluso trascendentales. Pero volvamos a lo tangible, a lo medible, a lo ponderable.

Por ahora, uno de los problemas reales y más evidentes en el mundo de la investigación seria y rigurosa es que mientras las patentes sigan siendo una moneda de cambio y valor de mercado, la colaboración entre los distintos actores y campos de trabajo a lo largo del globo, al margen de las transacciones económicas, se verá limitadísima por el celo de la o las instituciones en turno, privadas o públicas, ante la posibilidad de perder sus fuentes de financiación, de prestigio y hasta a sus propios investigadores, a los que seduce una competencia oportunista más generosa. Algo legitimado por el propio sistema, por otra parte. Así que las instituciones se han blindado, como aquellos bancos polvorientos y siempre aislados del lejano oeste. Han creado sus propios cuerpos policiales, sus departamentos jurídicos destinados a velar por las patentes y derechos de autor. Se han armado de recursos y subterfugios legales de protección y salvaguarda, y de abogados hambrientos, azuzados por el olor a pleitos y beneficios cuantiosos. Y aunque es cierto que comparten y hacen pública información no sensible en sus publicaciones periódicas, que además son la forma establecida de escalar puestos y categorías superiores para sus investigadores, ¡ay de quienes osen hacer público lo que sea realmente sensible de copia o plagio sin pasar por caja! ¡Ay de quienes evidencien el sistema clientelar de la información y el celo voraz de estas instituciones!

Otro vergonzoso ejemplo

EL 11 DE ENERO DE 2013, A LOS 26 AÑOS DE EDAD, el genio informático estadounidense Aaron Swartz se quitó la vida. Se enfrentaba a un proceso judicial que podía llegar a costarle entre uno y cuatro millones de dólares en concepto de multa y una pena máxima de 50 años de cárcel, como si se hablara de un asesino múltiple, un narcotraficante o un terrorista. Lo acusaban de 13 delitos federales y la justicia estaba dispuesta a ejemplarizar con esta causa, para que a nadie se le ocurriera volver a cometer semejante acto criminal. Pero ¿qué fue exactamente lo que hizo este joven amante de la computación?

El 19 de junio de 2011 Aaron se conectó desde una computadora portátil a JSTOR,[6] servicio al que tenía acceso legítimo en su cali-

6 JSTOR no es más que un sistema de archivo en línea de publicaciones académicas fundado en 1995 y gestionado como una organización sin ánimo de lucro con sede en Nueva York. Sus siglas responden a la abreviatura en inglés de *Journal Storage*, y que se podría traducir como «diario de almacenamiento». El acceso a los servicios de JSTOR es bajo convenio entre instituciones educativas, bibliotecas, editores y universidades, que a su vez facilitan el servicio a sus investigadores. Los servicios también se ofrecen bajo pago por suscripción de manera individual o privada.

dad de investigador de la Universidad de Harvard, mediante una conexión habilitada para los visitantes en el Instituto Tecnológico de Massachusetts, y usando un programa informático, descargó 4.8 millones de artículos y documentos académicos, con el supuesto fin de hacerlos públicos en alguna plataforma de internet, cosa que jamás hizo. Estos mismos archivos podría haberlos descargado uno a uno desde su propia universidad o cualquier otro sitio, sin el menor de los problemas, sin incurrir en ningún supuesto delito, pero no lo quiso hacer así en esta ocasión y sus razones tendría.

Aaron Swartz fue un defensor a ultranza del libre tránsito e intercambio de conocimientos en la red y pieza fundamental, por ejemplo, en la creación de las licencias Creative Commons,[7] entre otras muchísimas aportaciones para que internet fuera un poco más útil, libre y democrático. En sus propias palabras, publicadas unos años antes de los hechos descritos, podemos intuir claramente la fuente y origen del «linchamiento legal» al que se vio sometido:

> La información es poder. Pero como todo poder, hay quienes quieren quedarse con él. Todo el patrimonio cultural y científico del mundo, publicado durante siglos en libros y diarios, continúa siendo digitalizado y guardado por un puñado de corporaciones privadas [...] Este es un precio demasiado alto para pagar. ¿Obligar a que académicos paguen dinero para leer el trabajo de sus colegas? ¿Digitalizar bibliotecas enteras pero solo permitir

[7] Organización sin fines de lucro dedicada a promover el acceso y el intercambio cultural. Si quieres saber más, Google es tu amigo.

> que la gente en Google las pueda leer? ¿Proveer artículos científicos a aquellos en las élites universitarias del primer mundo, pero no a niños en el sur del planeta? Es indignante e inaceptable [...] Las grandes corporaciones, por supuesto, están cegadas por la ambición. Las leyes bajo las cuales operan lo requieren. Sus accionistas se sublevarían si fuese menos que esto. Y los políticos que han comprado las respaldan, aprobando leyes que les conceden el poder exclusivo para decidir quiénes pueden hacer copias [...] Con suficientes de nosotros, alrededor del mundo, no solo enviaremos un mensaje firme en contra de la privatización del conocimiento. Haremos que sea una cosa del pasado. ¿Te unirás a nosotros?

El Instituto Tecnológico de Massachusetts recibió una lluvia de reproches por iniciar esta acción legal contra Aaron hasta que, ante la presión y sojuzgamiento de sus pares en todo el mundo, abandonó la causa contra Swartz, la cual muy lamentablemente prosiguió y se intensificó desde la Fiscalía Federal, garante incorruptible, sin duda, del sistema de libertades y derechos del país, por lo menos hasta el día que Aaron apareció como un cadáver.

Incluso el presidente de la mentada institución universitaria en ese momento, L. Rafael Reif, tuvo que salir al paso y declarar públicamente, pocos días después del hecho luctuoso: «Me duele pensar que el MIT tuvo que ver en una serie de eventos que terminaron en una tragedia».

Creo que tal como están las cosas ahora mismo, la ciencia y los avances tecnológicos quedan fuera de la posibilidad de encarnar el papel de *deus ex machina* en esta estúpida tragicomedia. No sé qué pienses tú. Que es necesaria la participación de este sector para salvar al mundo del camino que lleva es indudable, pero en este caso el fin no justifica los medios,[8] porque los medios son los que nos están arrinconando.

[8] «El fin justifica los medios» es una frase falsamente atribuida a Maquiavelo, aunque pueda encajar muy bien con su propio pensamiento. Unos dicen que fue un comentario de Napoleón al final del libro *El príncipe* de Maquiavelo y otros apuntan a que el origen de esta frase está en otra que escribiera en 1645 Hermann Busenbaum que decía: «Cuando el fin es lícito, también lo son los medios». Sea como fuere, ya sabes algo más.

Seamos optimistas: «confiemos en el animal humano»

Créeme si te digo que, muy posiblemente, estas últimas páginas serán las más difíciles de escribir de este ensayo. Desde hace muchas páginas me pesa la frase que da título a este capítulo y todo lo que se desprende de ella. Pareciera que confiar en el animal humano tendría que ser el camino lógico de un ensayo que pretende reivindicar vehementemente, otra vez, la confianza entre *nosotros*. Bien entendido, este mismo ejercicio nos podría ayudar a forzar ese cambio de *era*, ese salto civilizatorio que nos empujaría a las estrellas y, gracias a ello, a la posibilidad de supervivencia como especie.

Y no es un argumento falto de razón ese de confiar en el animal humano, salvo por un par de detalles fundamentales. Esperar que las cosas sucedan desde la comodidad de nuestras pantallas es lo que llevamos haciendo el último medio siglo, y parece que ese cambio tan deseado se resiste a aparecer por ciencia infusa o magia, o intervención cósmica. Y más decisivo aún, no existe un *nosotros* real y unificado posibilitador ni del cambio, ni que se beneficie *per se* de él, si llegara a presentarse por suerte y encanto de birlibirloque.

Por si no te has dado cuenta, vivimos en un mundo lleno de *nosotros* y *yoes* diferentes y contrapuestos, igual de obcecados todos en su ficticia situación de privilegio y superioridad sobre otros *nosotros* a los que tratan de tontos, equivocados o tan acríticos como ellos mismos. Y también de otros *nosotros* conscientes o convencidos a la fuerza por una situación de subsistencia pisada y miserable, y por lo tanto abnegados, esto es, desactivados, aunque igual de inertes que los primeros. O peor aún y más común de lo que me gustaría pensar, ambos *nosotros* a la vez, como la cara y la cruz de una misma moneda, en un coctel desesperante e invivible, que precisa de todo tipo de subterfugios, evasiones, lenitivos y trucos para no mirarnos realmente ante el esperpento de nuestra propia vida y zozobrar.

Mientras, como siempre, ignorados por todos, pero siempre atentos y moviendo los hilos a su antojo, están los que a golpe de dinero y poder creen, imbéciles e ingenuos, que podrán comprar la inmortalidad a costa de la vida de todos esos miles de millones de desgraciados humanos sin nombre que los aupamos y sostenemos ahí donde están. Pero están equivocados; por mucho que confíen en los de su propia casta para sobrevivir, no hay tiempo para eso, no hay suficientes recursos naturales ni energéticos que permitan que, a golpe de poder económico y despotismo, puedan poner a salvo sus lustrosos e importantes apellidos más allá de nuestro sistema solar. No lo van a conseguir, por mucho que se nieguen a ver la realidad, aunque todos hayamos muerto y el planeta apeste a podrido bullendo sobre nuestros jugos. No quieren ni van a entender que el fin es parejo para todos, si no le ponemos remedio ya desde un renovado *nosotros*. Sí, para ellos también. Porque son igual de humanos que los demás, aunque se aferren como idiotas a cierta posibilidad confusa, porque quizá se te olvida que la esperanza es lo último que se vende, ¿no es verdad?

Aun así, la promesa tecnológica sigue alimentando a los optimistas; algunos defienden que internet está democratizando el mundo. Que permite el conocimiento de una manera inimaginable hasta la fecha, que democratiza la posibilidad de aprender y desarrollarnos como animales humanos más inteligentes y críticos. Pero este optimismo, que cree que el hombre pondrá freno, llegado el momento, a aquello que nos está comiendo los días sobre esta tercera roca que orbita al Sol, implica limitarse a ver el mundo desde el prisma de sus propios deseos, desde su propio sesgo de confirmación.[9]

Si la tecnología o si el uso de internet fuera, como nos plantean los tecnofílicos, la panacea contra el acriticismo del mundo, el resultado sería inmediato y ya lo podríamos constatar. En vista de que los jóvenes de entre 18 y 29 años son los mayores usuarios de estas tecnologías de la información y la comunicación, los países deberían estar girando ya todas sus políticas en pro de causas abiertamente ecológicas, no discriminatorias, inclusivas y solidarias, en beneficio de un bien común a futuro, de un mundo con menos fronteras y una mayor conciencia de los problemas y la necesidad del trabajo que todos debemos afrontar para vivir mejor, o sobrevivir al menos.

También debería haberse regenerado gran parte del tejido de relaciones sociales del que se componen los distintos Gobiernos del

---

[9] El sesgo de confirmación es la tendencia del animal humano a dar prioridad a toda aquella información que confirme y refuerce sus propias ideas y suposiciones, sea esta información verdadera o no.

mundo, donde el uso de estas tecnologías es el pan nuestro de cada día, pero esto no está pasando, ¿o sí?

> Los jóvenes británicos acusan a los mayores de haber traicionado su futuro. Su franja de edad apoyó masivamente seguir en la Unión Europea pero la mayoría no acudió a votar.[10]
>
> El voto joven en Estados Unidos se queda en casa.[11]
>
> La desconfianza de los jóvenes italianos en los políticos augura una alta abstención en las elecciones del domingo.[12]
>
> Los jóvenes franceses se alejan de las urnas.[13] La extrema derecha en Francia es mucho más joven de lo que creerías.[14]
>
> Jóvenes (mexicanos), los que menos acuden a votar.[15]
>
> No creen en el voto, no asisten a las urnas, no consideran que la política genere cambios reales. ¿Qué pasará con la juventud colombiana de cara a los comicios presidenciales?[16]

---

10 *El País*, Reino Unido, 2016.

11 *El Mundo*, 2016.

12 eldiario.es, Italia, 2018.

13 elPeriódico, España, 2017.

14 *HUFFPOST*, Francia, 2017.

15 *El Sol de México*, México, 2018.

16 *RT*, Colombia, 2018.

Y podría seguir llenando páginas y páginas con titulares y notas como estas. Pero creo que con estos apuntes es suficiente para darnos por enterados de que no sirven de nada los adelantos tecnológicos si no media en su uso el pensamiento crítico y la responsabilidad. Aunque si tienes ganas de polémica, me podrás decir que no, que estos jóvenes no van a votar precisamente porque tras analizarlo con detenimiento han llegado a la conclusión de que bla, bla, bla... ¿De verdad vamos a jugar a eso?

Recuerda todo lo dicho ya. Las nuevas generaciones no tienen la posibilidad de desarrollar su potencial crítico ni actualizarlo. Si no conocen los nombres de los hijos de sus vecinos, es obvio que no jugaron con ellos y no desarrollaron suficientemente las habilidades sociales que nos permiten relacionarnos y aprender y ser mejores personas y ciudadanos, y así entender la necesidad del *nosotros* por encima del yo, por lo menos en lo que toca a vivir rodeados de otros seres humanos y de empatizar y convivir los unos con los otros.

Así que no asumirán como imperativo el participar de la vida pública ni que esto implique adjudicarse la responsabilidad intrínseca básica de la participación democrática, de ser ciudadanos, que es en primera instancia ir a votar.

Otro ejemplo de esto es que cada día la empatía se aleja más y se convierte en «esa cosa» que hace que te agobies viendo cómo el perro de la película de moda lucha por salvar su vida mientras decenas, miles o millones de personas fallecen víctimas del choque de un meteoro, por una invasión extraterrestre, por el chasquido de dedos de un titán o lo que se le ocurra al guionista de turno. Sí, los movimientos en defensa de los animales, o incluso el veganismo, cobran cada vez más fuerza en un primer mundo que tiende a encerrarse sobre sí mismo y a entronizarse sobre aquellos espíritus aspiracionistas de las falsas clases medias, estén donde estén. Mientras, la capacidad de empatizar con nuestros propios congéneres se reduce al grado de no hacer nada por nadie. A menos, claro, que esto tenga una recompensa inmediata, y qué mejor que las redes sociales para mostrar nuestro espíritu dadivoso y solidario. Ante las tragedias naturales, y mientras estas aún estén de moda, irán en tropel a comprar despensas y surtir los centros de acopio, hasta que el próximo partido de futbol o el escándalo político recurrente acapare toda la atención mediática y quede la desgracia en el olvido, así como sus víctimas.

> La moral rigorista culpabilizaba las conciencias, la nueva conciencia las desculpabiliza con la diversión. Ayer la moral estaba recorrida interiormente por el «espíritu de disciplina» uniforme y autoritario; hoy, por una generosidad circunstancial que solo se manifiesta en ocasión de los grandes infortunios humanos.
>
> Lipovetsky

Y entonces volvemos al juego cotidiano del individualismo, del egoísmo estúpido que, a lo sumo, nos arranca con mucho esfuerzo un saludo al entrar o al salir de nuestras viviendas si nos cruzamos con alguien. Y en el peor de los escenarios, está cristalizando en la aparición de movimientos radicales, intolerantes, xenófobos y racistas; en definitiva egoístas, cortoplacistas y miopes. Así, con el rearme de viejas ideas del siglo XX que solo arrojaron fragmentación social, dolor, muerte y que, a pesar de muchos o pocos esfuerzos, nunca abandonaron sus feudos y ahora se expanden como un incendio forestal en verano, tenemos que preguntarnos muy seriamente si estamos dispuestos a ser optimistas o pesimistas, que como todos sabemos, no son más que un optimista, sí, pero bien informado.

El renacer de los viejos fantasmas

> Dices que tienes corazón, y solo
> lo dices porque sientes sus latidos;
> eso no es corazón..., es una máquina
> que al compás que se mueve hace ruido.
>
> Gustavo Adolfo Bécquer

Llegar a las vísceras siempre es mucho más fácil que partirnos el cráneo y penetrar en la materia gris, aquella que realmente nos hace humanos y no la casquería que compartimos, en mayor o menor grado de parentesco biológico, con los demás animales, como los primates o los cerdos. Pero en un momento como el actual, donde lo emocional prima sobre lo racional y crítico (por mucho que los que nos mueven las tripas nos quieran hacer creer que nuestras decisiones las tomamos con la cabeza), la realidad es que esta queda casi en exclusividad para exhibir peinados exóticos y ridículos sombreros cuando nos invitan a ceremonias sociales como bodas, bautizos o comuniones, y si en tu país aún no los has visto y no sabes de qué hablo, tiempo al tiempo, no estás libre de acabar con la cabeza a medio rapar o de llevar un nido de pájaro pedorro en el próximo banquete nupcial al que asistas.

Sí, el mundo del comercio y el mercadeo lo tienen claro desde hace décadas. El ecosistema político de los partidos y las ideologías encaminadas a lograr el poder tampoco se olvidaron nunca de que lo emocional es un camino mucho más sencillo y directo para movilizar a aquellos que aún comulgan con votar cuando así se requiere. Si no tienes esto del todo claro, date unos minutos y busca algunos de los discursos del Eje[17] previos a la Segunda Guerra Mundial, para refrescarte la memoria.

No, es cierto, los jóvenes —o un gran porcentaje, porque meter a todos en el mismo saco es de muy mal gusto—, que podrían ser un factor de cambio más que decisivo, no están yendo a los colegios electorales en los comicios que continuamente se celebran alrededor del mundo. Y son sus padres, sus mayores, en mayor o menor medida, los que siguen asumiendo la responsabilidad democrática de introducir en una urna su papeleta. Una papeleta que, como la hostia consagrada de la liturgia católica, es la encarnación, no ya del acto materializado de la reflexión y responsabilidad política de cada ciudadano, sino el símbolo del descontento, de la frustración, del resentimiento, del asco y del miedo a perder lo poco que creen tener. El reflejo de una pasión excesivamente visceral que, lejos de

17 Si no sabes a qué me refiero con el Eje, tienes un serio problema con la historia contemporánea. Las potencias del Eje durante la Segunda Guerra Mundial fueron Alemania, Japón e Italia y sus colonias. Te recomiendo busques discursos de Hitler y Mussolini y los compares con los de líderes nacional-populistas de hoy en día, y ya verás cómo te cuesta dormir esa noche.

ser un ejercicio independiente, consciente y crítico, se vuelve cerril y muy fácil de manipular por aquellos que saben qué resortes tocar y cuándo hacerlo. Esto es, cuando se hace evidente que la población sufre de una decepción catastrófica por aquel líder, tan deseado y votado, que prometía un cambio que, por contrapartida, no supo gestionar en los pocos días que dura la ilusión de la campaña, el éxito electoral y la jura del cargo. Y entonces llega el populismo, o el nacional-populismo, o los movimientos neofascistas, o como te dé la gana llamarlos, porque abundan por doquier y van a ser el pan nuestro de cada día de los próximos lustros.

Los politólogos se encargan de desarrollar extensas tesis sobre el fenómeno de los populismos, «este sí es populista, este no lo es, y este quién sabe». Pero ninguno de los últimos movimientos políticos relevantes a escala mundial está libre de este apellido, sea del color que sea. Populista será, entonces, aquella tendencia política capaz de sintonizar con la emoción de un electorado y rentabilizarla siempre a su favor y por encima, por supuesto, de los mismos que lo entronizaron en el poder, aunque la mayoría nunca lo perciba o lo reconozca así. Y nuevamente chocamos aquí con el sesgo de confirmación. Aquella persona que, una vez convencida, haya acudido a las calles y posteriormente a las urnas apoyando a un movimiento populista, por muchas pruebas que se le presenten de su mala fe o de la perversión de sus dirigentes-líderes-gurús, no dejará de apoyarlo, salvo que sufra en sus propias carnes esta acción y quede gravemente perjudicado. En ese momento, herido, su resentimiento lo enfrentará a sus otrora correligionarios que, igual que él hubiera hecho en su lugar, lo tacharán de traidor y lo segregarán de los espacios comunes que compartían, si bien le va.

Lo más jodido de todo esto es que seguramente estarás muy de acuerdo con lo que llevas leído hasta ahora, y estarás viendo reflejado en mis palabras a tu vecino, tu compañero de trabajo o a algún familiar más o menos cercano. Pero ¿estás libre de no haber caído en las garras del populismo? Muchos son los ejemplos actuales que podemos poner sobre ascensos y posicionamientos de los populismos en todo mundo.

El británico Gideon Rachman, principal comentarista de asuntos internacionales del *Financial Times*, aseguró que «entramos en una nueva era, la era de los populismos». Otra vez a vueltas con las nuevas eras, ¿te das cuenta? E incluso se aventuró a preconizar que esta nueva época durará 30 años, aunque tuvo que admitir que «es posible que sean tan dañinos que duren menos».

Desde la vieja Europa, donde los fantasmas del pasado aún abonan las cunetas de España o están impregnados en las paredes de los campos de Auschwitz, Dachau o Mauthausen, se están alzando de nuevo voces que tienen ecos en todos los rincones del mundo, desde los Estados de Unidos de Norteamérica hasta Brasil o la Argentina. Y que, tras la añejada máscara de los nacionalismos, reivindican un derecho natural, inexistente, basado en la arbitrariedad y el azar del devenir de la historia. A todos estos, que abundan como la gonorrea en los burdeles en tiempos de guerra, es a los que podemos llamar *nacional-populistas*. ¿Cuál será la raigambre de estos para que sean tan difíciles de erradicar y rebroten con fuerza una y otra vez?

> Todo el que posee méritos personales distinguidos reconocerá más claramente los defectos de su propia nación, puesto que siempre la tiene presente a la vista. Pero todo imbécil execrable, que no tiene en el mundo nada de lo que pueda enorgulle-

> cerse, se refugia en este último recurso, de vanagloriarse de la nación a que pertenece por casualidad; en eso se ceba, y, en su gratuidad, está dispuesto a defender (con manos y pies) todos los defectos y todas las tonterías propias de esta nación.
>
> Schopenhauer

Por definición, la palabra *frontera*, que da carta de legitimidad a los que defienden el concepto de *nación*, nos catapulta inmediatamente a la palabra *límite*, esto es, y según la Real Academia Española, la «línea real o imaginaria que separa dos terrenos, dos países, dos territorios». Aquí nos vienen a la memoria, a ambos, las sinuosas formas de los ríos, golfos, lagos, estrechos, penínsulas o cordilleras que son usadas como «fronteras naturales». O esas otras líneas trazadas algunas veces con pulso tembloroso de anciano, y otras, siempre llamativas, con regla y plomada como las fronteras de Egipto, Sudán, Libia o Chad. Y por supuesto, en muchas tantas otras, exactamente igual de arbitrarias, pues al fin y al cabo las «fronteras naturales» no son más que una convención de ciertos estudiosos geógrafos, políticos o militares en determinado momento, igual que las distintas *eras* de nuestra historia, recuérdalo.

Pero es que el tiempo, nuestra cronología histórica, es un factor que nunca queremos ver ligado a esta concepción de límite simbólico o literal, pues se le presume a esta una categoría trascendental capaz de justificar genocidios, éxodos, invasiones, imposiciones culturales, acuerdos y desacuerdos históricos, sometimientos, humillaciones, alianzas, esclavitud, explotaciones y expropiaciones e, indefectiblemente unido a todo esto, complejos y orgullos igual de artificiales y casuísticos en su origen que todos los colores y acentos a los que solemos dar nombres como *patria*, *nación*, *raza*, *pueblo*, y demás términos grandilocuentes que justifiquen lo anterior y fijen cómo tienen que ser las cosas *per omnia saecula saeculorum*, esto es, «para y por siempre». Porque, de no ser *para siempre*, ¿cómo justificar cualquiera de estas acciones, que siempre llevan aparejados dolor y perjuicio para muchos y privilegios para unos pocos?

Banderas, himnos, juramentos, homenajes a una historia siempre retorcida y manipulada son convenciones para justificar y glorificar la pertenencia a un pedazo de tierra limitado por la interpretación de un azar geográfico o una línea en el suelo. Estas no pueden, por definición, tener presente que su permanencia está ligada al albur del tiempo, a la contingencia. Pues sería evidenciar la estupidez de nuestro modelo sociopolítico y económico las más de las veces, basado en la defensa de nuestra identidad histórica y cultural como pueblo, aunque puedan distar pocas décadas de una guerra entre los mismos que ahora se las prometen dichosos.

Así que, llegado el momento, en contra de lo que dicta nuestro instinto de supervivencia animal, la protección de estos límites caprichosos será justificación, absurda por definición lógica, del sacrificio último, del holocausto voluntario de todos los que viven dentro de ellos, y la historia los aplaudirá, lo justificará y lo tomará como ejemplo, para mantener ese *statu quo* que entendemos connatural a nosotros mismos. Héroes, mártires de la patria, gestas bélicas, proclamaciones de victoria, tratados de paz y efemérides nacionales llenarán museos, plazas y darán nombre a nuestras calles para recordarnos, diariamente, que nuestra obligación como patriotas es derramar hasta la última gota de nuestra sangre por una convención geográfica que con los siglos será borrada, movida o simplemente desaparecerá. Así, reducimos cualquier atisbo de nobleza, o valentía, al absurdo del tiempo, que no perdona la mediocridad humana y su irracional necesidad de trascendencia inmortal.

La imposibilidad de desarrollar una conciencia histórica global es uno de nuestros problemas reales porque, de lo contrario, si nos estuviéramos dando cuenta de esta realidad, sí que parecería que nuestra estupidez no tuviera límites, pues no tiene sentido la pretensión del cambio de *era* si no entendemos nuestra realidad y la necesidad de no dejar a nadie en el camino. Y es que no nos queremos dar cuenta de que desde hace 200 000 años hemos ido trazando líneas de separación y fronteras entre nosotros mismos, que azarosamente el viento del tiempo ha ido cambiando y así seguirá siendo, porque basta con ver el mapamundi de los últimos siglos para ver que nunca dejó de moverse, aunque no nos llegara a afectar hoy directamente. Y así seguirá, y más a tenor de los tiempos nacional-populistas que corren. Unos se querrán anexionar; otros, separar, y otros pretenderán invadir y someter al vecino, y todos esgrimirán causas aparentemente justas y nobles que justifiquen su acción, su sacrificio por una patria destinada a desaparecer, como todo el planeta.

Los límites están realmente en nuestra cabeza, y a quienes nos limitan es a nosotros mismos como sociedad, y por supuesto como especie, para no poder dar ese paso necesario del *yo* a un *nosotros* que permita nuestra subsistencia. Somos una especie muy fácil de manipular que, aun teniendo instalada de fábrica la posibilidad de ser felices, difícilmente la desarrolla, y se conforma con alimentar sus tripas a golpe de emociones y comida chatarra.

Ándeme yo caliente
y ríase la gente.
Traten otros del gobierno
del mundo y sus monarquías,
mientras gobiernan mis días
mantequillas y pan tierno,
y las mañanas de invierno
naranjada y aguardiente,
y ríase la gente.

Luis de Góngora

Cuanto más solitarios, egocéntricos y egoístas, más fáciles somos de manipular. Cuanto más desesperados, resentidos y necios, más fáciles somos de manipular. Cuanto más aspiracionales, proactivos y líderes nos creamos, más fáciles somos, también, de manipular.

Creemos que tenemos corazón porque lo oímos, y cuando lo oímos creemos que siempre tiene razón y le hacemos caso. Pero el corazón no es más que un músculo que un buen domador puede hacer repiquetear como el sonido rítmico de los palmeros que acompañan una bulería. Un domador que conozca sus resortes, trucos, modos de reacción y perversión, sus miedos y complejos, bien arengando y vertiendo su veneno desde una tribuna pública, desde la radio, desde la televisión, o desde las redes sociales, sabrá manipular a su interés a un músculo poco entrenado que siempre responde igual, cuando no tiene conciencia de sus limitaciones, cuando no es crítico.

Mientras sigamos tan solos, aislados y seamos tan predecibles y fáciles de manejar, no me pidas que confíe en que, justo antes de extinguirnos, una acción del animal humano, movido por la insólita afloración de un pensamiento crítico inexistente hasta ese preciso momento, como ese artilugio que soluciona todos los problemas y agujeros de una argumentación teatral mal planteada al final de las tragedias grecolatinas, descenderá sobre nosotros insuflando nueva vida y esperanza en la Tierra, como si de una deidad conocida se tratara, al insuflar vida de la nada sobre el barro de la creación. Me gusta la ciencia ficción, sí, es cierto, pero no los cuentos de hadas con final feliz. Esos sí que no me los creo.

El coste de la desconfianza

Jamás, en lo mucho o poco que llevo escrito sobre la confianza, he abogado por su uso acrítico e indiscriminado. Confiar no es confiar ciegamente y sin restricciones en el otro, o en los demás.

La confianza es un ejercicio connatural al animal humano que debe ser resuelto desde el equilibrio y la mesura entre nuestra disposición a confiar de manera espontánea y el conocimiento de los distintos contextos y realidades de quienes nos rodean, así como de lo que también nos es propio a nosotros mismos. Si parece un ganso, vuela como un ganso, grazna como un ganso y al comértelo sabe a ganso, quedan pocas dudas, eso era un ganso hasta que te lo comiste.

Tenemos suficientes herramientas para deducir en quién podemos confiar y qué cosas podemos confiarle con ciertos criterios de exactitud. Cuándo abogar por la desconfianza es más una acción indolente que de protección, si lo analizas bien. Confiamos en que el cocinero de un restaurante no nos envenenará, pero no por ello vamos a consignarle el cuidado de nuestros hijos. Esos hijos que después dejamos en el jardín de niños a la atención del personal especializado del mismo. Pero este ejercicio de confianza no implica que les confiemos a estas mismas personas el control de nuestras cuentas bancarias, aunque realmente no tengamos indicios de no poder hacerlo con tranquilidad, o de que no tengan la capacidad de gestionarlas bien. Nuevamente el pensamiento crítico debe tomar protagonismo en nuestras decisiones, y es la falta de este, no de las circunstancias en las que nos relacionemos, la que erosiona la posibilidad de confianza en los demás, en los otros, y nos aísla sobre nosotros mismos, con los resultados que ya hemos analizado de forma sobrada.

Es obvio que estamos inmersos en una maquinaria mucho mayor que nos sobrepasa, que saca provecho de un yo egoísta y nos invita a vivir una realidad edificada sobre esta concepción individualista, pero es la omisión del pensamiento crítico la que permite que este ingenio asimétrico siga funcionando. La fractura del tejido social es una evidencia tan obvia, en casi toda la extensión del planeta, que la asumimos como propia, y la desconfianza se ha convertido en una virtud, en un valor ensalzado por los falsos latidos de nuestra emotividad. Cuando hablo con padres de alumnos en mis conferencias, entienden como normal e innecesario que sus hijos conozcan los nombres de los hijos de sus vecinos, hasta que les recuerdo, como he hecho contigo, aquellos años pasados cuando ellos fueron niños, cuando jugaban en la calle, cuando iban a casa de sus vecinos a comer, a jugar y pasar el rato, a resguardarse de la lluvia, o a esperar que sus padres regresaran del trabajo o de cualquier eventualidad, para volver a casa y esperar ansiosos al día siguiente para volver a salir a jugar con sus amigos y vecinos a la calle.

Confiar tiene un coste, sin duda. Es innegable que si no confías en nadie difícilmente te podrán traicionar, engañar o aprovecharse de ti en un tú a tú inexistente, pero el coste de la desconfianza es mucho mayor, y no me lo podrás negar. Hemos edificado un modelo de vida sobre el principio de la desconfianza, de un yo que creíamos plenipotenciario que no precisa más que de sí mismo, pero esto es mentira, y no hay un camino intermedio, no hay medias tintas en lo que se nos viene encima que pueda unir este sentimiento individualista a un desconocido concepto de *confianza* suficiente y salvarnos como especie.

Podemos ignorar la realidad, no me cabe duda de que una inmensa mayoría lo hace constantemente, pero en esa omisión del uso del pensamiento crítico está nuestra condena. Podemos buscar sustitutos a nuestra necesidad de confiar en los otros, y así lo hacemos formando seudoclanes de todo tipo, color y significación, pero ¿de qué están sirviendo realmente? En el mejor de los casos, para hacernos más liviana la realidad que nos atemoriza; en el peor, para separarnos más, manipularnos y después desecharnos cuando no tengamos más que aportar y seamos un lastre. Cuanto antes nos demos cuenta de todo esto y nos pongamos a trabajar juntos, más posibilidades tendremos de que exista un futuro y con él, el tan ansiado cambio de *era*, el momento en que podamos iniciar la conquista de las estrellas, cuando pasemos de ser un *yo* desahuciado a un *nosotros* con futuro. Porque sin un *nosotros* no hay futuro.

Es muy posible que, a pesar de todos mis esfuerzos por hacerte ver cuán importante es esto de confiar, no lo haya logrado. Que ya parezca más un disco rayado aburrido que alguien con argumentos sólidos capaces de hacerte cambiar de opinión, es posible, sí. Pero dame esta última oportunidad de que me odies con un ejercicio más de sadismo estadístico que, a lo mejor, acaba con tu paciencia.

Si confiar lo defino siempre como saber que el otro hará lo que tú esperas que haga, imagínate por un momento estar en los zapatos de aquel en quien recae tu confianza, en ese otro en quien confías. Para cerrar de una vez uno de los círculos argumentativos de este ensayo, deja que te hable de responsabilidad.

La base de posibilidad moral del *nosotros* debe ir desde la confianza a la responsabilidad y viceversa, para que el resultado de la suma de todas nuestras voluntades y acciones, debidamente dirigidas desde el pensamiento crítico, sea mayor a la simple suma de las partes. Repito, si confiar es saber que el otro hará lo que esperas que haga, responsabilidad será hacer aquello que los demás esperan que hagas. Tan sencillo y radical, tan claro y distinto como lo acabas de leer.

Es de esperar que cuando hablamos de países con un bajo índice de confianza interpersonal, será obvio deducir que también la responsabilidad social de este será igual de baja y directamente proporcional en los países donde la confianza en los demás es la cotidianidad. Lógico, ¿verdad?

Pues ahora imagina que el planeta fuese atacado por un virus del que, *a priori*, poco sabemos y que pareciera se ceba fundamentalmente en la población adulta y que provoca un raro tipo de neumonía que en muchos casos ocasiona el internamiento hospitalario de los infectados, su eventual intubamiento para poder respirar, y en un porcentaje muy significativo de estos últimos, la muerte. Ahora imagina que durante la primera ola pandémica las autoridades de cada país exhortan a la población a seguir ciertas medidas para evitar el contagio, como procurar no salir de casa más que para lo imprescindible... Ya te las sabes, ¿verdad? No hace falta que las enumere, ¿cierto?

¿Qué nos escupiría una comparativa de las estadísticas entre dos países «al azar», uno con un bajo nivel de confianza interpersonal, y por ende una baja responsabilidad social, y otro donde se esperaría que la población actuara al contrario?

	México	Finlandia
Confianza interpersonal	18%[18]	80%
Olas pandémicas	5	1
Muertes por COVID-19	334 336[19] 0.27% de la población	10 087 0.18% de la población
Total población	126 000 000	5 531 000

Créeme que ya no quiero hacer más sangre con este asunto, porque además es muy posible que durante este trágico episodio que todos sufrimos, el ángel exterminador traspasara el umbral de tu casa, o el de algún familiar o amigo querido, y no estés ya de humor

18 Según el Latinobarómetro de 2018, para el periodo de 2017 a 2021 la organización World Values Survey afirma que el índice de confianza interpersonal en México es aún más bajo y lo sitúa en 10.5 por ciento.

19 La doctora Laurie Ann Ximénez Fyvie afirma: «La cifra real de muertes por la pandemia en México asciende a 667 240 —de acuerdo con el reporte de exceso de mortalidad hasta la SE 52, es decir, hasta el 1.º de enero de 2022—. La estimación actualizada al 13 de febrero de 2022 era de 696 855 muertes». Este último dato supondría el 0.55% de la población.

para seguir aguantando mis impertinencias, pero deja que termine con este maldito ejemplo que tanto detesto desde que apareció en mis pensamientos, y seguiremos ya sin pausa hasta el final.

Si buscas las cifras en internet y ves las gráficas, verás que la única ola de contagio en Finlandia corresponde no con el inicio de la pandemia, sino con el final, cuando 78% de la población ya estaba completamente vacunada y 82% ya tenía al menos una dosis. Mientras, en México, tras cinco olas consecutivas, ni 63% de la población estaba completamente vacunado y solo 71% había recibido al menos una dosis.

Es muy cierto, la logística de vacunación en un país como México es infinitamente más compleja que en Finlandia por muchos factores, geográficos, demográficos, políticos, organizacionales, etc. Sí, también es cierto que las posibilidades económicas de más de 65% de los mexicanos no les permitieron seguir a pie juntillas la cuarentena domiciliaria, ya que debían salir a diario para ganarse la vida como fuera. Sí.

Pero no olvides también otros aspectos fundamentales que se asocian con una población que confía en los demás como en ellos mismos. ¿Recuerdas que hablamos de esto hace ya muchas páginas? Decíamos que un país con un alto índice de confianza interpersonal es un país que, primero, goza de una mayor salud democrática. Esto se traduce en la necesidad de un mayor consenso a la hora de tomar medidas que afectan a todos, un mayor debate de estas y una mejor aceptación de las mismas por parte de los actores involucrados en la toma de decisiones. Segundo, será menos corrupto. Esto asegura que lleguen en tiempo y forma todos los recursos destinados a luchar, en este caso contra la pandemia, desde ayudas sociales, refuerzos del sector salud, apoyo a la investigación, etc.

Tercero, es un país con mayores niveles de inteligencia. Esto redunda en un mejor entendimiento de la situación, sin tener que recurrir a caricaturas infantiloides[20] para sensibilizar a una población que, como ya te dije, cree más en los horóscopos que en la ciencia. Y, por último, es un país más feliz, y en este particular de la pandemia no me cabe duda alguna de que así es; cuantos menos funerales, mejor, no sé qué pienses tú...

Pero presta atención porque esto que te voy a decir no es agradable para nadie. México, como todos los países del mundo, tuvo tras la primera ola la oportunidad de aprender, darse cuenta de que —desde un ejercicio crítico de la responsabilidad social, ya que el resto de las variables no estaba muy a su favor (salud democrática, corrupción, ya sabes...)— se podrían haber ahorrado cientos de miles de muertos. Pero no fue así, la irresponsabilidad, propia de un país desconfiado, individualista y egoísta, sumado al resto de los factores ya descritos, mató a cientos de miles de personas, como en Brasil, como en tantísimos otros países, no el virus. El virus no fue el culpable de que nuestros amigos, familiares, vecinos, compañeros de trabajo, famosos de la tele y tantos más murieran gratuitamente después de que ya supiéramos qué debíamos hacer; fue nuestra irresponsabilidad.

De todo esto debería desprenderse un aprendizaje que aún nadie ha tenido. Y es que el día que en Finlandia, por ejemplo, se olviden de esto y dejen de considerar necesario confiar los unos en

20 Susana Distancia fue una caricatura impulsada por el Gobierno mexicano durante la pandemia de COVID-19, entre otras igual de desafortunadas, que pretendía sensibilizar a la población de la necesidad de mantener la «sana distancia».

los otros, como ha pasado en muchas partes del mundo, sea cual fuere la circunstancia que esté atravesando la humanidad en ese momento, sufrirán las mismas consecuencias que todos los demás. Y ahora dime que la ética no sirve para nada.

Ya hemos trabajado juntos para salvarnos

El potencial creativo del animal humano cuando trabaja unido ya ha dado sus frutos en infinidad de ocasiones de manera muy extensa y tan bien documentada durante toda nuestra breve historia pisoteando el planeta, por si aún dudabas de que esto fuera posible, que me voy a ahorrar darte ejemplos, pues creo que no es necesario a estas alturas del discurso. Claro que, como en todo, eso también tiene su truco, pues ese *nosotros* colaborativo y concienciado de la necesidad vital del trabajo en común siempre se presentó enfrentando a un *ellos*, a un enemigo.

Las guerras han sido una constante de nuestro devenir, igual que los consecuentes ejercicios de confianza interpersonal de las distintas poblaciones en contienda, tan necesarios en esos momentos para enfrentarnos como uno solo a un adversario que ansía nuestra muerte tanto como nosotros la suya, y así lograr nuestra posibilidad de salvación. «¿No es acaso la guerra la semilla y el origen de todas las hazañas más celebradas?», se preguntaría Erasmo de Rotterdam hace más de 500 años.

Motores del conflicto bélico son el pundonor, el miedo, la promesa de la paz y la lucha por la supervivencia, o como enumeraría el señor Thomas Hobbes mucho mejor que yo «encontramos tres causas principales de riña en la naturaleza del hombre. Primero, competición; segundo, inseguridad; tercero, gloria». Todas estas razones, y muchas más, me temo, nos han obligado históricamente a unirnos para avanzar y superar a los distintos enemigos en tiempos de guerra, ya fuéramos invadidos o invasores, ofendidos u ofensores, tiranos o demócratas, trogloditas o ciudadanos del siglo XXI con un teléfono inteligente en el bolsillo del pantalón.

> Hay numerosos ejemplos que muestran que el progreso en el conocimiento científico no es inmune a la necesidad imperiosa de idear nuevas armas, nuevos métodos y nuevas posibilidades de destruir la capacidad de resistencia del adversario. La guerra, en la acepción más generalizada [como] un acto colectivo de violencia organizada destinado a obligar al adversario a plegarse a la voluntad de su contrincante, es una partera de la historia, pero igualmente de la tecnología. ¿Para qué? Para obtener un resultado que, en último término, no puede ser otro que político.
>
> Ángel Viñas Martín

Quizá lo que ahora mismo nos falte es dar debida forma a esos enemigos comunes que nos puedan unir en la lucha, y hacernos confiar obligatoriamente en los demás con tal de salvar el pellejo. Pero no tomes estas palabras en su literalidad, no hablo de iniciar ninguna guerra convencional, sino de entender los problemas reales a los que nos enfrentamos como enemigos de nuestra supervivencia, porque lo son. Y no será por falta de nombres, o por no tener claro contra qué y cómo podemos batallar.

Sí, sé que hablar de guerras siempre da miedo, y con justa razón, pues aunque pudiera parecer que estos conflictos se alejan de la realidad cotidiana en la que vivimos hoy, nunca han desaparecido por completo, y la amenaza de su resurgimiento siempre está presente, si bien no en tu día a día en las redes sociales de las que crees que te informas, sí en las agendas de las cumbres de Estado y en los tratados entre naciones. Estos son lugares comunes y necesarios para poder establecer acuerdos o romperlos. ¿De verdad te cuesta creerlo? ¿En qué agujero has estado mientras Rusia invadía Ucrania? Quizá si abrieras un poco más los ojos lo entenderías mejor.

En 1947 la junta directiva del Boletín de Científicos Atómicos de la Universidad de Chicago presentó al mundo un reloj simbólico donde se contaban los minutos que faltaban para un hipotético fin del mundo, provocado por la acción del hombre. Estos científicos, por si no lo recuerdas, fueron algunos de los que trabajaron intensamente en el Proyecto Manhattan.[21] A este artefacto de propaganda para sensibilizar al mundo de los inminentes peligros de la estupidez humana lo llamaron el *Reloj del Apocalipsis*, algo muy tranquilizador sin duda alguna. En la fecha de su debut público el reloj fue descubierto marcando 10 minutos para la medianoche, que habría de ser la hora del fin del mundo. La Segunda Guerra Mundial había con-

21 El Proyecto Manhattan fue una iniciativa liderada por Estados Unidos de Norteamérica en colaboración con el Reino Unido y Canadá, durante la Segunda Guerra Mundial, para desarrollar las primeras armas nucleares. De las mentes involucradas en este proyecto nacieron las bombas que cayeron sobre Hiroshima y Nagasaki en el verano de 1945.

cluido y la Guerra Fría amenazaba la tranquilidad del planeta. En 1953 el reloj se adelantó hasta los dos minutos para la medianoche; ya que Estados Unidos se había manifestado dispuesto a desarrollar la bomba de hidrógeno, cosa que la URSS tardaría pocos meses en igualar.

> El 1 de noviembre de 1952 Estados Unidos hizo estallar en secreto este nuevo tipo de artefacto en las islas Marshall, en el océano Pacífico. Un año más tarde la Unión Soviética anunciaba un disparo termonuclear. La potencia de la mayor bomba H en haber explotado (el ensayo soviético «bomba del Zar» del 30 de octubre de 1961 sobre el Ártico) era de 57 megatones, una potencia teóricamente casi 4000 veces superior a la de la lanzada sobre Hiroshima.

Tuvieron que pasar casi 65 años para que las manecillas del reloj volvieran a situarse a dos minutos de la extinción. Y desde 2018 esa es la hora que vuelve a marcar, pues existe un peligro nuclear real dispuesto a arrasar la Tierra en los próximos conflictos bélicos que pudieran suceder en cualquier momento. Además, desde 2007 se sumaron los efectos del calentamiento global a la lista de actores con papel protagónico en nuestra eventual desaparición, propiciados, cómo no, por el animal humano. El exgobernador de California Jerry Brown comentó a este respecto:

> Somos casi como viajeros en el *Titanic*, que no ven el iceberg más adelante mientras disfrutan de la comida y la música.

Deseo, después de todo, que ya no te creas aquello de que este es el mejor de los mundos posibles, pues, aunque no huelas la pólvora más que quizá en las fiestas de tu ciudad o de tu barrio, la amenaza del conflicto bélico es tan real como las evidencias del cambio climático y todo lo ya descrito en este libro. Así que ¿por qué no utilizamos lo aprendido en cuanto a movilización y concienciación social, en los milenios de experiencia bélica que ya atesoramos, para dar forma concreta y nombre a ese enemigo común que nos una y nos obligue a sacar lo mejor de nosotros? Quizá así podamos convertir todo ese potencial creativo, científico y cultural en un recurso inagotable, en ese todo siempre mayor que la suma de sus partes que solo un renovado «capital humano» consciente de sí mismo y su poder puede propiciar. Sí, me he repetido, y lo volveré a hacer todas las veces que sean necesarias, hasta que te entre en la cabeza o directamente dejes de leer. Así son las cosas.

No he sido el único en pensar esto del enemigo común, tienes razón. Inspirados por la desazón existencialista que el pensamiento crítico muchas veces nos provoca cuando se mal ejercita en soledad, no pocos autores han plasmado en sus obras esa necesidad de dar intención y forma a un enemigo común que nos fuerce a trabajar juntos y avanzar hacia la posibilidad de un futuro con ciertas certezas más allá del dolor, y superar así esa idea tan machacona y simple de que «el mundo es una mierda» y nada podemos esperar de él más que eso mismo y en grandes cantidades.

Desde películas hollywoodienses palomeras como *Independence Day* hasta obras literarias mucho más sesudas, pensadas y bien trazadas como *Watchmen*, nuestra naturaleza humana siempre ha buscado a quién arrojar la piedra cuando nos sentimos acosados, un culpable al que señalar con el dedo y contra el que defendernos. Y cuando no tenemos (lo que es necesario para asumir que ese culpable somos todos), entonces lo buscamos allí donde nuestra imaginación nos lleve, o simplemente y como estamos haciendo ahora, miramos hacia otro lado, huyendo de nuestra responsabilidad, y negamos una mayor que solo tiene un único culpable: tú y yo, todos esos *tus* y *yoes* que forman ese ineludible nosotros existencial del que tanto renegamos cada día, aunque históricamente hayamos luchado hombro con hombro, como uno solo, por sobrevivir, compitiendo contra los otros que nos querían ver muertos. Luchamos por nuestra seguridad para conseguir alcanzar la gloria, que no es más que sobrevivir para poder contar lo que hemos hecho, para marcar un antes y un después en nuestra historia, una nueva *era*. Si Hobbes tiene razón, quizá está en nosotros conseguirlo. No lo sé... Y tú ¿qué piensas?

«Pero ¿qué puedo hacer yo? ¡Dime qué carajos hago y déjate de tanta filosofía!».

Hasta me parece oírte mientras te escribo. Pero ¿crees, de verdad, que si lo supiera, no te lo habría dicho ya? No lo sé. Sé que aún hay esperanza y que está en los que están por venir, no porque sean mejores o más listos, sino porque así lo propiciemos nosotros si nos damos cuenta de una vez que está en nuestras manos cambiar, aunque no sepamos a ciencia cierta cómo hacerlo.

Hace ya algún tiempo un buen amigo economista, Marc Vidal, hacía eco de una publicación en redes sociales del año 2017 de Raj Raghavan, el director general de Euro Exim Bank Ltd. En esta publicación daba un curioso y divertido punto de vista, desde el neoliberalismo, de por qué un ciclista es un desastre para la economía. No deja de ser casi un chiste, una simpleza argumental, pero con suficiente trasfondo como para hacernos pensar un poco más allá. Quizá hasta para desempolvar la bicicleta y mirarla con un poco más de cariño y respeto. Claro que esta no es la solución a los problemas del mundo, pero desde un *nosotros* quizá pequeños gestos concretos y críticos sumen más que estar aplastados en el sofá perdiendo el tiempo.

Un ciclista es un desastre para la economía:

1. No compran coches y no piden préstamos para pagarlos.
2. No pagan seguro por su vehículo.
3. No compran gasolina.
4. No usan servicios de reparación de coches ni lavacoches.
5. No usan parquímetros.
6. No se convierten en obesos.
7. Y maldita sea. La gente saludable no es necesaria para la economía. No compran medicamentos. No van a médicos privados. No aumentan el producto interno bruto. Sin embargo, cada McDonald's crea 30 puestos de trabajo indirectos: 10 dentistas, 10 cardiólogos y 10 expertos en dietas.

Entonces, ¿qué prefieres: pedalear o McDonald's?

«La extinción es la regla. La supervivencia es la excepción»[22]

Nos hemos esforzado tanto, y desde hace tanto tiempo, en pensar el mundo desde el *yo*, que hoy, a la hora de enfrentarnos a la necesidad de repensarlo desde un *nosotros*, nos resulta casi imposible hacerlo.

Igual de imposible que pensar en una raza alienígena más inteligente que nosotros, un gran problema este para la ciencia ficción, como ya sabes, porque el resultado de este ejercicio de imaginación será siempre el de una inteligencia similar, pero nunca superior, a la del animal humano más inteligente que estuviera involucrado en este juego; de ahí la decepción que siempre nos llevamos al ver cómo se resuelven las películas de invasiones extraterrestres en el cine, a menos que seamos tan ingenuos, o tontos, que cualquier cosa nos pase por inteligente y brillante, pero de esto ya hemos hablado antes.

---

22 Sentencia atribuida al gran divulgador de la ciencia Carl Sagan.

Y también tenemos que luchar contra ese maldito *sesgo de confirmación*, reforzado desde nuestro nacimiento por todos los que nos rodean y, cómo no, por toda la producción cultural que, voluntariamente o no, hemos estado tragando y consumimos de manera indiscriminada y masiva. De manera altruista o pagando, a sabiendas o engañados, reforzamos constantemente el sentido individualista de nuestra vida y rechazamos sistemáticamente cualquier cosa que no sea esa idea machacona de «sé tú mismo», «tú puedes conseguir cualquier cosa que te propongas», «lo lograste porque te lo mereces», «esfuérzate en ser la mejor versión de ti mismo», o esa otra estupidez, entre otras muchas que no me cansaré nunca de denunciar, que reza: «si lo deseas mucho, el cosmos te lo dará». No, estos no son más que clichés perfectamente asumidos y legitimados por su uso y abuso. Tanto es así que cualquier cosa que suene diferente nos pone en alerta, aunque también, si no somos demasiado obtusos, puede causarnos curiosidad, es cierto, pero la misma curiosidad morbosa que ir de visita a Corea del Norte o a un poblado *amish*; podremos ir, pero quedarnos y vivirlo suficientemente para poder opinar con dignidad... ¡No, quedarnos nunca, para eso están la televisión e internet!

Los más resabiados o desconfiados se estarán preguntando desde hace mucho si todo este librito no es más que una forma sibilina y mal intencionada de intentar inocular, de alguna manera, el virus de ese antiguo socialismo rancio y trasnochado desde que leyeron el nombre de Marx, *la lucha* y *la conciencia de clases*, el timo de las clases medias, la crítica al sistema neoliberal y al capitalismo atroz, al aspiracionismo individual y otras muchas cosas que molestan, porque nos señalan a todos con el dedo y que, aun queriéndolo, no sabríamos cómo lograr cambiarlas, por mucho que pudiéramos estar convencidos de la necesidad de hacerlo. Nada más lejos de la realidad.

No está en mis manos proponer un cambio de paradigma económico mundial, ni político trasnacional, porque no sabría ni por dónde empezar, ni cómo salir de ese dédalo. Pero lo que sí puedo asegurar es que, de seguir así como estamos, sin afán o intención de cambio alguno, cualquier intento de supervivencia está abocado al fracaso. Y sí, yo tampoco puedo pensar desde fuera de una estructura *yoista*, igual de bien diseñada, argumentada y reforzada que la tuya, por mucho que lo intente o lo desee. Tan solo puedo asumir la pequeña parte de la realidad que hemos analizado juntos, desde el peso de mis propias palabras, y confiar en que este ejercicio esté apuntando hacia un camino cierto, y que nos lleve a una posibilidad de futuro, de cambio de *era*, pero no a nosotros, ni a ti y ni a mí.

Los políticos finlandeses, los que propusieron y posibilitaron un cambio de modelo social desde la educación como herramienta fundamental de este asumieron que, llegado el momento, esas nuevas generaciones de finlandeses bien formados y conscientes de su propio poder los reemplazarían y harían de su país el mundo feliz que ahora parece que proyectan al planeta para envidia de muchos e incredulidad necesaria de otros tantos. Yo incluido. Aquellos políticos entendieron que nada se podría conseguir sin su propio sacrificio, sin la autocondena de desaparecer de la vida pública en cuanto el fruto de sus ideas madurara y tuvieran las nuevas generaciones la edad suficiente para votar y asumir el mando del país.

Nosotros, tú y yo, no tenemos pasajes para salvarnos en ninguna nave estelar por mucho dinero que creas tener y tengas. Nunca veremos qué hay más allá de nuestro sistema solar, no conquistaremos las estrellas, porque no hemos nacido en el momento adecuado. Además, no lo merecemos, por mucho que los gurús de la autoayuda, el *coaching* ontológico y la meditación trascendental te lo hayan vendido y tú, ingenuo, como todo buen animal humano solitario y acrítico por definición, se lo hayas comprado. Tú y yo ya estamos condenados a pudrirnos aquí, como el resto del planeta. Pero aún está en nuestras manos posibilitar que algunas cosas puedan cambiar, que haya una esperanza, para que otros, si somos capaces de dejar de joderles la vida y el porvenir, sobrevivan.

Te hablo de nuestros hijos y, quizá más concretamente, de los hijos de nuestros hijos. Que las generaciones que vienen carguen tu ADN o no, eso ya me parece lo de menos. Las generaciones venideras serán las que puedan clavar la bandera de la humanidad en una nueva tierra, en muchas nuevas tierras, siempre y cuando empecemos a posibilitar desde ya que lleguen a hacerlo. En este punto sí que podemos ayudar desde ahora mismo, tú y yo. No es tan difícil como piensas, solo requiere que asumamos nuestro rol en este juego, nuestro papel trascendental como ciudadanos y como padres, si te ha tocado serlo, cosa que hemos dejado de hacer como bien te he explicado desde el inicio de este manual crítico para la supervivencia de nuestra especie. Asumamos el sacrificio necesario de ese *yo* podrido, que hemos mimado y engordado desde que tenemos uso de razón, por la promesa de un *ellos*. Hagamos lo que tenemos que hacer, que no es ni más ni menos complejo que lo que tus padres y los padres de tus padres hicieron por ti. ¡Deja que los niños sean niños! ¡No pretendas jamás que sean copias «mejoradas» de sus padres! ¡Regálales la posibilidad de un futuro juntos, sin distinción alguna! Ellos serán el *nosotros* que debe llegar y del que no podremos ser parte, porque no podemos entenderlo, no lo merecemos.

Tendremos que apartarnos y morir. Pero para que todo esto suceda, ¡deja que los niños jueguen juntos!

Porque nuestros límites deben estar allí donde aún no hemos podido ir para sobrepasarlos todos juntos, poco a poco, y no en la puerta de tu propia casa, sino en las últimas estrellas que podamos intuir. Si temes por la seguridad de tus hijos, porque allí desde donde me lees salir a la calle es un riesgo manifiesto para la vida, abre tu casa e invita a sus compañeros de escuela y a los hijos de tus vecinos de edades semejantes a que allí hagan las tareas escolares con los tuyos, y que pasen tiempo conviviendo, porque el juego, como nos dijo Platón, surgirá de manera espontánea por el simple hecho de estar juntos.

«Y si sus padres no quieren, ¿qué hago?».

Pues habla con ellos, rompe tu maldita desconfianza y gánate a su vez la confianza de estos, porque todos quieren lo mejor para sus hijos, y simplemente están errando de estrategia y no lo saben, igual que pensabas tú antes de leer este libro. Han heredado o comprado un modelo que a la par de parecer el acertado es muy cómodo para todos, pero solo lo parece, y ya has visto por qué no lo es. Empezar abriendo nuestros hogares a los niños es un paso previo y necesario para recuperar lo que es nuestro por derecho propio. «El hombre es un animal político», nos decía Aristóteles, ¿recuerdas? Pero es político porque, amén de necesitar a los demás para llegar a ser lo que debe ser, el espacio para hacerlo es la *polis*, la ciudad, lo público. Debemos recuperar los espacios públicos que hoy nos atemorizan, las calles, las plazas y los parques para que nuestros hijos o los hijos de los demás jueguen, como nosotros lo hicimos en su momento, y nuestros padres y los padres de nuestros padres. Nosotros debemos recuperar esos espacios, porque nosotros los abandonamos cuando dejamos de confiar en nuestros vecinos, cuando nos creímos mejores, cuando dejamos de verlos como iguales. Y si no tienes hijos, no creas que te has librado; si no eres capaz de sumar en esta ecuación, apártate lo más lejos que puedas, en una isla desierta de ser posible, porque tu inacción no hace más que sumar puntos al problema.

«¡Vico, ahora sí estás mal, la peligrosidad y la violencia nos arrebataron las calles y ahora ya no se puede confiar en nadie, no se puede hacer nada!».

A estas alturas, y con lo que llevas leído, ¿estás realmente seguro de lo que dices?

La última en la frente

> La generalización a partir de unas observaciones sesgadas puede distorsionar nuestra percepción de la realidad.
>
> Ansgar Seyfferth

Durante la Segunda Guerra Mundial el ejército estadounidense puso a trabajar a su Grupo de Investigación Estadística en la recopilación de los datos necesarios para reforzar y blindar los aviones de combate en contienda sobre el territorio enemigo. Por algunas semanas estuvieron mapeando el impacto de los proyectiles alemanes en las distintas partes de los aviones que regresaban del frente, y en poco tiempo tuvieron una idea muy clara de dónde impactaban estos con más frecuencia. El mapeo era algo parecido a esta imagen:

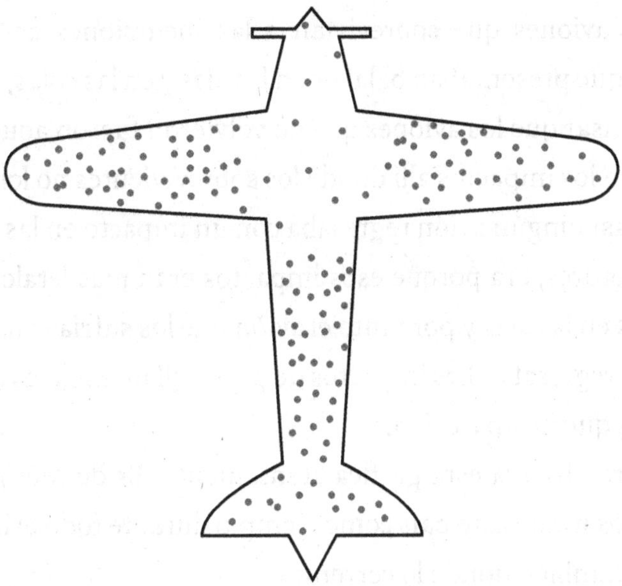

Y ahora te pregunto, ¿dónde reforzarías la seguridad de este avión?, ¿qué partes blindarías? Quizá las alas y la cola, ¿verdad?

Ver llegar a los aviones hechos coladeras volantes a las pistas de aterrizaje con las alas y las colas destrozadas nos invita, desde la más simple de las intuiciones, a pensar que esas son las zonas que debemos proteger más. Igual que pensamos que debido al aumento de la violencia en las calles y plazas de nuestras ciudades las fuimos abandonando, no sabemos cuándo exactamente, y nos refugiamos en nuestras casas, comenzando así esta espiral de la desconfianza que ahora nos atenaza y paraliza.

Pero las partes que blindaron y protegieron no fueron las alas y las colas de los aviones, sino precisamente aquellas partes que según la observación de los aviones que volvían habían recibido menos, o casi ningún impacto. Aplicaron lo que se conoce como *pensamiento contraintuitivo*, aunque lo podemos también llamar *pensamiento crítico* o *sentido común*, simplemente.

Si los aviones que sobrevivían a las incursiones aéreas eran aquellos que presentaban balazos en las alas y en las colas, ¿no sería lógico pensar que los aviones que no volvieron fueron aquellos que recibieron los impactos allí donde los sobrevivientes no los recibieron? Si casi ningún avión regresaba con un impacto en las hélices o en los motores, era porque esos impactos eran más letales que los recibidos en las alas y por tanto el avión que los sufría caía en combate y no regresaba. Los impactos de proyectil más letales eran, por tanto, los que no aparecían.

Y ahora observa esta gráfica atentamente. Es de México, sí. Ya que hemos usado este país como ejemplo durante todo el libro, que sea aquí también donde lo cerremos.

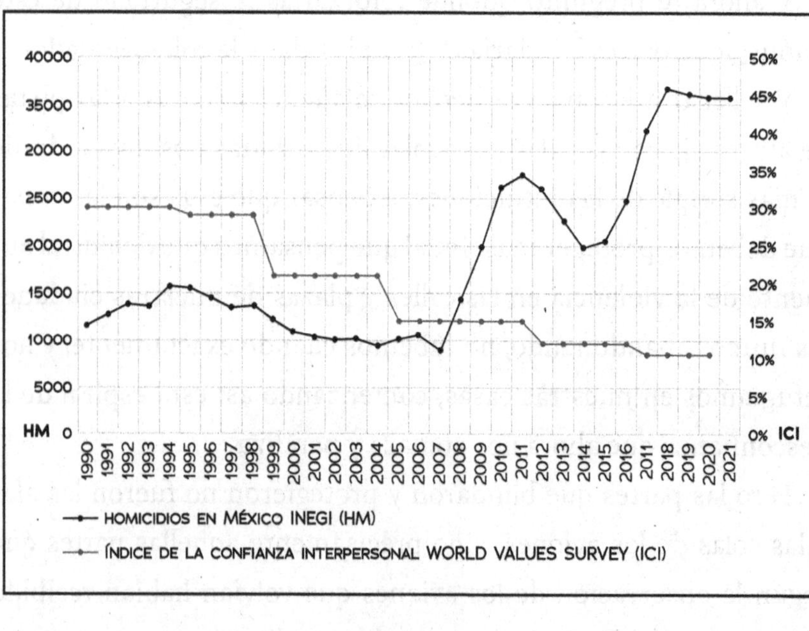

¿Te quedó claro qué es el pensamiento contraintuitivo? ¿Y ahora ves ya lo que quiero hacerte entender?

El desplome del índice de confianza interpersonal ininterrumpido durante los años noventa y la primera década del nuevo milenio —y no es azaroso que todo empezara en la década de los años noventa coincidiendo con la desaparición de la Unión Soviética y la hegemonía del neoliberalismo a escala mundial como ya hablamos hace mucho— no coincide con el aumento esperable de los homicidios. No hay una correlación directa, no es una relación directamente proporcional. No aumentó la desconfianza a medida que aumentó la violencia. Fíjate bien. Fue justo al revés de lo que pensabas al final del capítulo anterior.

La caída en el índice de confianza interpersonal nos sacó de las calles, plazas y parques, nos encerró en nuestras casas, nos hizo individualistas, egoístas e idiotas. Y al desocuparnos de lo público, los oportunistas ocuparon nuestro espacio milenario de relación: la *polis*, la ciudad, las calles y las plazas de nuestros barrios donde antes jugaban los niños. Solo así «los malos» hicieron sin temor e impunidad, porque ya no estábamos allí para defender nuestros espacios, lo que mejor saben hacer: el mal.

La complejidad de nuestro sistema nos obliga a pensar en muchos más factores y relaciones que aquí se nos escapan. Pero sí somos los responsables, sin saberlo, de haberles dejado la cancha libre a sus tropelías y barbaries.

Hay muchos ejemplos de reapropiación de espacios públicos en muchos países azotados por la delincuencia y el crimen organizado. Basta con una breve búsqueda para encontrarlos y aprender sobre qué podemos hacer. Pero todas estas acciones, no lo dudes, son ejercicios éticos que pasan sí o sí por recuperar la confianza en nuestros vecinos y en nosotros mismos. Bien abriendo nuestras casas para que los niños jueguen seguros, formando grupos y asociaciones vecinales, partidos políticos locales e independientes o lo que mejor se nos ocurra juntos.

No me cabe duda de que podemos hacer mil cosas más, ¡seguro!, pero debemos empezar por la más urgente: ser conscientes del enemigo real que nos amenaza y saber que nuestros niños son la única posibilidad de salvación de nuestro mundo, y aunque la generación encargada de esto seguramente aún no haya nacido, hoy por hoy ya está condenada a la zozobra y la extinción si no lo remediamos. Quiero creer que aún estamos a tiempo de que el futuro no nos avergüence.

Para asegurarles esa posibilidad de supervivencia, de provocar el cambio de *era*, y ser la excepción a la regla de la que hablaba Sagan, debemos actuar como lo que nunca debimos dejar de ser, una tribu global, un *nosotros* heterogéneo, cada cual con sus colores y acentos propios, pero nada más: ninguno mejor que el otro. Una tribu capaz de sacrificar su modo de vida hoy por la posibilidad de supervivencia de sus hijos y nietos. Una tribu donde todos somos responsables de la educación de todos, de su futuro, donde todos tendremos que ser un *nosotros* pensante, creativo, crítico, confiado de sí mismo y responsable. Solo así podremos sobrevivir otros 200 000 años más, y los que vengan.

Acabando

Hoy recuerdo con nostalgia que en las eternas sobremesas de verano andaluzas, cuando el sol cae a plomo sobre las plazoletas de mi barrio y la temperatura raramente baja de los 42 o 43 °C, sofocando a los pájaros en los árboles, no era raro escuchar el golpe monótono y cadencioso de alguna pelota vieja y ajada rebotando en las paredes de concreto armado y sin ventanas de los edificios colindantes. Siempre hay niños incapaces de dormir la siesta en cualquier época del año. Los padres los mandaban a la calle a desfogarse golpeando el balón una y otra vez, hasta que el sol caía un poco y el resto de sus amigos bajaban, ya con *la fresquita*,[23] a jugar todos juntos hasta altas horas de la madrugada, mientras sus mayores se refrescaban y cenaban en las terrazas de los bares populares de la zona.

---

23 *La fresquita* es una expresión muy usada en verano para indicar la caída de la temperatura en verano a medida que la noche se echa.

«¡Niño, deja ya la pelotita!», se escuchaba la voz de algún vecino molesto por no poder conciliar el sueño tras alguna persiana bajada mientras las chicharras, excitadas por el calor, tocaban sus violines desafinados. «¡Mi madre me deja!». Y a pesar de la perfecta y legítima réplica del joven sobrehormonado que no era capaz de dormir y tenía que quemar energía cuando todos huían del calor, este dejaba lentamente de patear el balón contra la pared, o por lo menos no allí. Quizá un poco más adelante volvería a hacerlo, o a repetir jugadas y dribles en solitario, quizá fuera a otra plazoleta a golpear paredes donde nadie le gritara o a un descampado sin sombra, de los muchos que había antes en todas las ciudades, mientras bajaban sus amigos y el ruido del juego estuviese nuevamente aceptado, y se volvieran a escuchar las risas, los gritos, los cuchicheos y algún llanto que otro, vete tú a saber por qué.

Y es que hace ya algunos días, no recuerdo bien cuándo, mientras escribía en casa no sé qué artículo, me distrajo el ruido de unos niños que, de visita, estaban jugando cerca de mi ventana torpemente. Gritaban, reían, se susurraban secretos y estrategias al oído y volvían a gritar y a reír excitados mientras uno, que sería el más pequeño, excluido del juego, gemía inconsolablemente. Cerré la ventana, molesto y refunfuñando, porque me habían desconcentrado y no sabía cómo demonios retomar aquel estúpido artículo que estaba intentando escribir.

Entonces me acordé de cuando vi al hijo de los nuevos vecinos del residencial donde vivía cuando empecé este ensayo. Aquel niño mal encarado que paseaba y arrastraba a su perrete gordinflón por los jardines. Me acordé de cómo intentó esconder la bolsita con los excrementos en el arbusto. De cómo le hablé y me miró con desprecio. De que realmente no parecía un niño, aunque tenía la misma edad que aquellos otros que en ese preciso instante estaban gritando, riendo, cuchicheando o llorando junto a mi ventana cerrada.

Así que, culpable, me levanté y la abrí de par en par.

¿Qué mierda de mundo es este?, te pregunto. ¿Crees que tenemos algún derecho a reivindicar hoy los parabienes del silencio? ¿Y qué precio estás dispuesto a pagar por él? ¿A qué tipo miserable de animal humano pueden molestarle hoy realmente las risas, los gritos, los susurros o los berrinches de los pocos niños que rara vez consiguen jugar juntos? Deberían ser a nuestros oídos como el canto de los pájaros para los náufragos en el mar, que indican la presencia de tierra cercana. Son una promesa de esperanza. El tañer lejano de una campana que indica la llegada del amanecer.

Así que me volví a sentar a hablar contigo. Borré lo que tenía hecho y empecé a escribir.

De nuevo.

Continuará...

Bonus track[24]

Deja que te cuente una cosita más. ¡Calma!, que esto ya no entra en el examen. Tómatelo como un regalo, por si no habías tenido suficiente ya.

El 26 de septiembre de 1983, en plena Guerra Fría, sucedió lo que después se llamaría el *Incidente del equinoccio de otoño*, gracias al cual, sin que lo sepas, tú y yo estamos aún aquí, yo escribiéndote y tú leyendo y sufriendo, pero sobre advertencia no hay engaño, ¿verdad?

Este lunes concreto del año 83, en el búnker Sérpujov-15, se presentaba igual de tenso que los 21 días anteriores. Tres semanas antes el poderoso ejército soviético había derribado el vuelo 007 de la Korean Air por invadir su espacio aéreo sin saber, según la versión oficial, que se trataba de un vuelo comercial y confundirlo con

24 Las nuevas generaciones ya no saben qué significa esto del *bonus track*, pero era un gustazo encontrarte una canción sorpresa en un disco de vinilo o en un CD, que por la razón que fuera no aparecía en otras copias. Eso te hacía sentir único, especial.

una incursión espía estadounidense, versión oficial que tardaría 32 años en ser confirmada por el Tío Sam.

Murieron 269 personas, entre ellas el congresista estadounidense por Georgia, Larry McDonald, junto a otros ciudadanos estadounidenses. Este desafortunado incidente no hizo más que avivar las tensiones entre los dos gigantes hegemónicos de la política y la economía mundial de la época. Ronald Reagan recrudeció su ya de por sí radical discurso anticomunista y ordenó a la Administración Federal de Aviación revocar todos los permisos de la compañía aérea comercial soviética Aeroflot para operar en o hacia territorio estadounidenses, servicio que no se restauraría hasta 1986.

A su vez, la OTAN inició los preparativos para el ejercicio militar «Able Archer 83» (arquero capaz 83), que pretendía simular una escalada militar entre ambas potencias que habría de acabar, mira tú por dónde, en el lanzamiento coordinado de sus armas nucleares sobre territorio soviético desde las bases de la Europa occidental. ¡Todo simulado, por supuesto! Pero muy cerquita del telón de acero, para que pudieran sentir el aliento nuclear tras la nuca. Por todo esto, la KGB, el famoso comité para la seguridad del Estado por su nomenclatura en ruso, había avisado a sus activos infiltrados en territorio enemigo sobre una posible guerra nuclear y puso en estado de alerta a sus bases nucleares de misiles en la extinta República Democrática Alemana y Polonia.

En el búnker Sérpujov-15, que a pesar de su nombre poco hollywoodense era el centro de mando de la inteligencia militar, el corazón de la defensa aeroespacial soviética, se encontraba el teniente coronel Stanislav Yevgráfovich Petrov, el protagonista de esta historia. Era la madrugada del mentado 26 de septiembre, cuando una alarma hizo sobresaltar a nuestro protagonista. Según los sistemas informáticos de alerta, un misil balístico intercontinental estadounidense había despegado de territorio americano e iba con rumbo directo a Moscú. Petrov, incumpliendo su obligación de informar a sus superiores de inmediato, decidió esperar. No tenía sentido alguno —dijo en una entrevista muchos años después— que los estadounidenses iniciaran la tercera guerra mundial lanzando tan solo un misil, deberían ser cientos, miles lo que se vieran en las pantallas. Así que esperó unos instantes y otros cuatro misiles aparecieron consecutivamente en las pantallas rumbo a la Unión Soviética. Cinco misiles seguían siendo muy pocos, no podía ser.

Pero Petrov sabía que si informaba a sus superiores, como era su obligación, estos no se lo pensarían y ejecutarían la orden prevista en caso de ataque enemigo, que como te podrás imaginar era iniciar el apocalipsis nuclear y aquí paz y después gloria. Ya en alguna ocasión los satélites soviéticos habían errado y dado alguna falsa alarma, así que nuestro protagonista tomó la decisión de llamar, sí, pero para informar que el sistema estaba fallando. Y así, asumió que todo se trataba de una falsa alarma, cosa que a los 23 minutos se comprobó, ya que ninguno de esos supuestos cinco misiles impactó en la URSS porque simplemente nunca llegaron a despegar.

Aun habiendo demostrado tener razón y saber lo que hacía, Petrov fue consciente en todo momento de que su acción no estaría carente de consecuencias.

Los errores en la Unión Soviética, y más en materia de seguridad, eran hechos embarazosos que no podían salir a la luz pública. Tras tres incansables días de interrogatorios, donde entre otras cosas alabaron su sangre fría y su buen hacer, fue destituido por desacato y olvidado sin honor, como un militar más, hasta su jubilación.

Una paga miserable de 200 dólares mensuales fue lo que recibió hasta su muerte el hombre responsable de salvar el mundo.

En 2004, tras salir a la luz su historia, se le concedió el World Citizen Award. Dos años después fue homenajeado en las Naciones Unidas y hasta el año 2013 estuvo recibiendo diferentes premios y reconocimientos por su acción. Stanislav Yevgráfovich Petrov falleció el 19 de mayo del año 2017, a los 77 años, en Friázino, Rusia.

> No me considero un héroe; solo un oficial que a conciencia cumplió con su deber en un momento de gran peligro para la humanidad. Solo fui la persona correcta, en el lugar y en el momento adecuados.

Sin duda las palabras y el ejemplo de Petrov renuevan nuestra maltrecha esperanza en el animal humano. ¿Qué habríamos hecho tú o yo en una situación semejante? No lo sé, pero más importante aún, piénsalo antes de cerrar este libro y pregúntate: ¿estamos educando a nuestros hijos para que llegado el momento, que llegará y pronto, sean las personas correctas cuando estén en el lugar y el momento adecuados?

Audax sed cogita

Agradecimientos

Mi más sincero agradecimiento a mi hermano Raúl Duarte Fernández, quien, por puro cariño, se atrevió a leer los primeros borradores de este texto y hacerme ver sus posibilidades, sus errores, y además se tomó muy en serio muchas de las cosas que aquí se dicen.

A mis hermanos Paco Anaya Benítez, Adolfo Marcelino Pérez Contreras y Alberto Martínez Flores, por estar siempre ahí, pacientes y capaces de aguantar mis bramidos y aspavientos contra el universo con una sonrisa y un abrazo.

A mi colega y amigo José Carlos Ruiz, por evidenciar lo que faltaba y, aún más importante, lo que podía estar de más; él es un gran compañero en esta aventura del desasnar y el filosofar.

A Daniel López Romero, José Antonio Campos González y Francisco Ramírez Arenas, a los que le debo más de lo que les puedo pagar.

A mi hermana Virginia Pastor Vico, por su buena mano al ayudarme con los cuadros y gráficas.

Y, por supuesto, a Susana Martínez Reséndiz, mi compañera de vida y madre de mis hijas Lara e Inés, razón primera por la que he escrito este libro.

Bibliografía

«2.5 millones de adultos mayores recibirán apoyo de 2 mil 550 pesos: AMLO», *El Financiero*, 2019.

«2018 Alzheimer's disease facts and figures», Alzheimer's Association, EUA, 2018.

«30% de niños con obesidad, en estado prediabético: UNAM», *El Financiero*, 2018.

«6 lecciones que aprender del sistema educativo finlandés», *Universia*, España, 2018.

«800 mil mexicanos padecen Alzheimer», *Excélsior*, 2019.

«A Global Middle Class Is More Promise than Reality», Pew Research Center, EUA, 2015.

«Adictos al "like": cómo hacer frente a la nueva droga "millennial"», *ABC*, España, 26 de septiembre de 2018.

«Adiós al efecto Flynn», *La Vanguardia*, 2018.

«Alarmante aumento de niños hospitalizados con pensamientos o acciones suicidas en EE. UU.», CNN en Español, 2017.

Alférez Castellón, Gabriel, «El proletariado como protagonista de la revolución: fin de un mito», *Revista de Estudios Políticos*, 1975.

Aristóteles, *Política*, Madrid, Biblioteca Básica Gredos, Madrid, 2000.

——, *Metafísica*, Biblioteca Básica Gredos, España, 2000.

Bauman, Zygmunt, *La globalización*, Fondo de Cultura Económica, México, 2001.

Bécquer, Gustavo Adolfo, «Rima LXXVII», *Rimas*, Cátedra, España, 2014.

Belli, Laura F., «Patentes sobre los genes BRCA-1 y BRCA-2: El caso Myriad», *Perspectivas Bioéticas*, Facultad Latinoamericana de Ciencias Sociales, Argentina, 2011.

«Bombardeo Ruso desata incendio en central nuclear de Ucrania», DW, Alemania, 2022.

Burghardt, Gordon M., *The Genesis of Animal play: Testing the Limits*, Paperback, EUA, 2006.

«Coltán, la maldición del Congo», *El Independiente*, 2018.

«Cómo el MIT atrapó a Aaron Swartz», *El País*, 2013.

Cortina, Adela, *¿Para qué sirve realmente la ética?*, Planeta, España, 2013.

«COVID-19 Community Mobility Report, Universidad Johns Hopkins», Google, 17 de julio de 2022.

«¿Cuáles son los países con más obesos del mundo?», BBC, 2016.

«¿Cuánto debes ganar en México para pertenecer a la clase media o alta?», *Forbes*, México, 2019.

Descartes, René, *Discurso del método*, Alba, España, 1984.

«Desigualdad, la fractura de México», *El Financiero*, 2019.

«¿Dificulta la tecnología el desarrollo psicomotor de los niños?», *El País*, 2018.

«EE. UU. está en guerra por la información genética de tu cuerpo», BBC, España, 2013.

«El aumento del consumo de combustibles fósiles dispara las emisiones de CO2», Agencia EFE, Madrid, 14 de junio de 2022.

«El desencanto del "millennial": ¿Por qué los jóvenes no votan en Colombia?», RT, Colombia, 2018.

«Elecciones en Estados Unidos: El voto joven en Estados Unidos se queda en casa», *El Mundo*, 2016.

«El fondo soberano de Noruega compra la sede de Sanofi en Francia por 415 millones», Europa Press, Francia, 2018.

«El legado tóxico de la Revolución Industrial», BBC, 2012.

«El país de los universitarios suicidas», *El Mundo*, 2015.

«El populismo y los equilibrios de las potencias mundiales, a debate», *La Vanguardia*, 2019.

«El síndrome del niño hiperregalado y cómo combatirlo», *La Vanguardia*, 2019.

«El triángulo del litio: 3 obstáculos que enfrentan Argentina, Bolivia y Chile para escapar de la "maldición de los recursos naturales"», BBC, 21 de junio de 2019.

Emmerich, Roland (director), Dean Devlin (productor), *Independence Day* (1996), EUA, 20th Century Fox.

Encuesta Nacional de Salud y Nutrición (Ensanut), 2018.

«Encuesta Nacional sobre Creencias y Prácticas Religiosas en México», Consejo Nacional de Ciencia y Tecnología, México, 2016.

Enkvist, Inger, *El éxito educativo finlandés* (*Finland's success* PISA), Universidad de Lund, Suecia, 2010.

«En Singapur, los padres quieren hijos fuera de serie», *El Periódico*, 2016.

«En una década, 40% de niños y adolescentes serán obesos», *La Jornada*, 2022.

«Epidemiología y determinantes sociales asociados a la obesidad y la diabetes tipo 2 en México», *Revista Médica del Hospital General de México*, 2014.

«Esta es la ola de calor más fría del resto de tu vida», *Público*, 13 de junio de 2022.

«Es oficial, a los mexicanos les fascina Facebook», *Excélsior*, 2017.

«Estudio de la UNAM: 2 de cada 10 niños y adolescentes en la CDMX tienen síntomas de depresión», sinembargo.mx, 2017.

European Social Survey, 2018.

Federación Mexicana de Diabetes A. C., 2016.

Ferrater Mora, J., *Diccionario de Filosofía*, Círculo de Lectores, España, 1994.

«Fish just want to have fun, according to a new study that finds even fish "play"», ScienceDaily, 2014.

Fleischer R. (director), W. Seltzer y R. Thacher (productores), *Soylent Green* (1973), EUA, Metro Goldwyn Mayer.

«Global estimates of modern slavery: Forced labour and forced marriage», Organización Internacional del Trabajo, 2017.

«Global risk of deadly heat», *Nature Climate Change*, vol. 7, EUA, 2017.

Góngora, Luis de, «Ándeme yo caliente», *Sonetos*, Cátedra, España, 2019.

González-Forteza, *et al.*, *Salud Mental 2019*, DGAS-UNAM, 2021.

«Hábitos de usuarios de internet en México 2019», Asociación de Internet.MX, mayo de 2019.

Han, Byung-Chul, *En el enjambre*, Herder, España, 2004.

——, *Psicopolítica*, Herder, España, 2014.

Harari, Yuval Noah, *Sapiens, De animales a dioses*, Debate, España, 2013.

Hawking, Stephen, conferencia en el festival Starmus en Tronheim, Noruega, junio de 2017.

«Hikikomori; por qué tantos japoneses no quieren salir de sus cuartos», BBC, Reino Unido, 2013.

Hobbes, Thomas, *Leviatán*, Editora Nacional, España, 1980.

INEGI, Comunicado de prensa núm. 225/21 del 28 de abril de 2021, México.

«Informe anual sobre la situación de pobreza y rezago social», Consejo Nacional de Evaluación de la Política de Desarrollo Social, México, 2016.

«Informe Nacional de Estadísticas de la Diabetes», Centers for Disease Control and Prevention, EUA, 2017.

«Informe país sobre la calidad de la ciudadanía en México», Instituto Nacional Electoral con la colaboración de El Colegio de México, México, 2015.

«Informe para la política educativa», International Association for the Evaluation of Educational Achievement, julio de 2015.

Jones, Owen, *CHAVS, La demonización de la clase obrera*, Capitán Swing, España, 2012.

«Jóvenes, los que menos acuden a votar», *El Sol de México*, 2018.

Kaku, Michio, *La física del futuro*, Debate, España, 2011.

Kant, Immanuel, *Crítica de la razón práctica*, Ediciones Sígueme, España, 1998.

«La bomba H, infinitamente más potente que la de Hiroshima», *Chicago Tribune*, 2016.

«La desconfianza de los jóvenes italianos en los políticos augura una alta abstención en las elecciones del domingo», eldiario.es, 2018.

«La extrema derecha en Francia es mucho más joven de lo que creerías», HuffPost, Francia, 2017.

«La humanidad necesita 1.6 planetas Tierra para sobrevivir», *ABC*, 2016.

«La OMS apoya la propuesta de suspender las patentes de las vacunas contra el coronavirus: "Es ahora o nunca"», RTVE, España, 26 de febrero de 2021.

«Las empresas buscan saberes que aún no sabemos enseñar», *La Vanguardia*, 2014.

«Las lecciones del devastador terremoto de 1985 que Ciudad de México no aprendió», BBC, México, 2017.

«Las vacunas han salvado 1500 millones de vidas», *El Mundo*, 2015.

«La tala ilegal de la Amazonia brasileña, al descubierto», *La Vanguardia*, 24 de diciembre de 2021.

Latinobarómetro, 2021.

«Laukkanen: "Si en Finlandia aplicamos los recortes en educación de España, sería una catástrofe"», *Público*, 2013.

Lièvre, B. de y Staes, L., *La psychomotricité au service de l'enfant*, Belin, París, 1992.

Lipovetsky, Gilles, *Los tiempos hipermodernos*, Anagrama, España, 2004.

——, *El crepúsculo del deber*, Anagrama, España, 1992.

«Los adolescentes mexicanos pasan 12 horas al día en sus celulares», *Forbes México*, 2019.

«Los genes son de todos», *El País*, 2013.

«Los jóvenes británicos se indignan ahora, pero estaban distraídos», *El País*, 2016.

«Los jóvenes franceses se alejan de las urnas», *El Periódico*, 2017.

«Los "me gusta" de Facebook son como chocolate para tu cerebro», *El Comercio*, 4 de agosto de 2016.

«Los "nativos digitales" son los primeros niños con un coeficiente intelectual más bajo que sus padres», BBC, 2020.

«Los océanos están perdiendo un 1% de fitoplancton al año por el calentamiento», *El País*, 2010.

Lyotard, Jean-François, *La condición postmoderna*, Cátedra, España, 2006.

Maquiavelo, Nicolás, *El príncipe*, Editorial Gredos, España, 2011.

Marina, José Antonio, *Crónicas de la ultramodernidad*, Anagrama, España, 2006.

Martínez López, Verónica, «Tema 2. Desarrollo psicomotor y sus fases», Universidad de Oviedo, 2017.

«Marshall McLuhan, el "profeta de la era digital" que predijo internet 20 años antes de que se inventara», BBC News Mundo, 21 de julio de 2017.

Marx, Karl, *El capital*, vol. I, E-artnow, 2013.

Marx, Karl, y Friedrich Engels, *El manifiesto comunista*, Debate, España, 1998.

«Mexicanos tienen más confianza en horóscopos que en ciencia: encuesta UNAM», *Proceso*, 2016.

«México, campeón mundial en consumo de refresco», *El Universal*, 2017.

«México, líder de la OCDE en salones atiborrados», *Excélsior*, México, 2015.

«México, uno de los países con menor índice de actividad física en el mundo», El Periódico USA, EUA, 2022.

Moore, Alan, *Watchmen*, DC Comics, EUA, 1986-1987.

Morgan, Josh, «The Decline of Trust in the United States», *Medium*, 20 de mayo de 2014.

Morin, Edgar, *La vía*, Paidós, España, 2011.

——, *Los siete saberes necesarios para la educación*, Unesco, Francia, 1999.

«N° 1 Shanghai may drop out of PISA», *The Washington Post*, 2014.

Nietzsche, Friedrich, *Más allá del bien y del mal*, Editorial Gredos, España, 2014.

Nussbaum, Martha C., *Sin fines de lucro. Por qué la democracia necesita de las humanidades*, Katz Editores, España, 2010.

Ortega y Gasset, José, *Meditaciones del Quijote*, Editorial Gredos, España, 2012.

Orwel, George, *Rebelión en la granja*, Colección Milenium, El Mundo, España, 1999.

«Padece diabetes 15.8% en México; el primer lugar de la OCDE», *Excélsior*, 2017.

«Panorama Social de América Latina», Comisión Económica, *El Economista*, 27 de enero de 2022.

Plauto, *Comedias I*, Editorial Gredos, España, 2000.

«Primer trasplante de un corazón de cerdo a un primate que sobrevive más de seis meses», *La Vanguardia*, 2018.

Ranking de las universidades más innovadoras del mundo. Extracto de la clasificación hecha en octubre de 2019 por la agencia británica de noticias Reuters.

«Reloj del Apocalipsis continúa a 2 minutos del fin del mundo», *Milenio*, 2019.

Roosevelt, Franklin Delano, discurso de la segunda «Carta de Derechos», 1944.

Rotterdam, Erasmo de, *Elogio a la locura*, Alianza Editorial, España, 1996.

Rovere, Maxime, *¿Qué hacemos con los idiotas?*, Paidós, España, 2020.

Ruiz, José Carlos, *El arte de pensar*, Berenice, España, 2018.

——, *De Platón a Batman*, Ediciones Toromítico, España, 2017.

Sartre, Jean-Paul, *El existencialismo es un humanismo*, EDHASA, España, 2009.

Sabugo Abril, Amancio, *Para una antropología de la otredad*, Cuadernos Hispanoamericanos, núm. 446-447, agosto-septiembre de 1987.

——, Para una antropología de la otredad, Cuadernos Hispanoamericanos, núm. 446-447, agosto-septiembre de 1987.

Schopenhauer, Arthur, *La sabiduría de la vida - En torno a la filosofía - El amor, las mujeres y la muerte y otros temas*, Porrúa, México, 1998.

«Seis de cada 100 niños padecen depresión», *Proceso*, 2018.

«¿Se puede medir con una hamburguesa el bienestar de todo un país? ¿Y con un calzoncillo?», *El País*, 2018.

Seyfferth, Ansgar, «Estadística en la Segunda Guerra Mundial: cuando lo importante no se ve», *HuffPost*, mayo de 2017.

Smith, Adam, *La riqueza de las naciones*, Alianza Editorial, España, 1994.

«Stanislav Petrov, el hombre anónimo que evitó el fin del mundo en 1983», *El Confidencial*, 16 de marzo de 2017.

«Suicidio adolescente: una problemática mundial en aumento», *Infobae*, 2017.

Sustainable Development Solutions Network, *World Happiness Report 2022*, EUA, 2022.

Swartz, Aaron, *Manifiesto de la guerrilla por el acceso abierto*, Italia, 2008.

«Tan solo en diabetes, México gasta 51 mmdp: IMSS», *Excélsior*, 2016.

«The "Sustainability Solution" to the Fermi Paradox», *Journal of the British Interplanetary Society*, 2009.

«Trabajadores latinoamericanos ven la la falta de presupuesto como la principal barrera para el teletrabajo», América Económica, Perú, 2022.

«Umberto Eco: "Con i social parola a legioni di imbecilli"», *La Stampa*, 2015.

«Una familia antivacunas reintroduce el sarampión en Costa Rica cinco años después de su erradicación», *Público*, 2019.

Viñas Martín, Ángel, *Guerra y tecnología. Interacción desde la Antigüedad al presente*, obra conjunta, Centro de Estudios Ramón Areces, España, 2017.

Vico, David Pastor, *Ética para desconfiados*, México, Planeta, 2021.

——, *Filosofía para desconfiados*, México, Planeta, 2019.

Wachowski, Lana, y Lilly (directoras), J. Silver (productor), *The Matrix* (1999), EUA, Warner Bros.

Waal, Frans de, *El mono que llevamos dentro*, Tusquets Editores, España, 2005.

Wells, Herbert George, *La guerra de los mundos*, Pearson's Magazine, Reino Unido, 1898.

Wittgenstein, Ludwig, *Diario filosófico*, Ariel, Barcelona, 1982.

«World Happiness Report 2022», Sustainable Development Solutions Network, EUA, 2022.

«World Values Survey», México, 1990-1994; 2017-2020; EUA, 2017-2020.

Ximénez Fyvie, Laurie Ann, *Las vidas que no contaron*, Planeta, México, 2022.

«¿Ya te cayó el 20? Este es el origen de la frase», *Milenio*, 2 de noviembre de 2021.

«Zygmunt Bauman: "Las redes sociales son una trampa"», *El País*, 2016.